U0936588

珍藏本·增订本

纪念版

汉译世界学术名著丛书

论语言的起源

——并旁及旋律与音乐的模仿

〔法〕卢梭　著

李平沤　译

商務印書館
SINCE 1897
The Commercial Press

Jean-Jacques Rousseau

ESSAI SUR L'ORIGINE DES LANGUES

Où il est parlé de la mélodie et de l'imitation musicale

Paris Gallimard 1990

根据巴黎伽里玛出版社 1990 年版译出

让-雅克·卢梭

汉译世界学术名著丛书
（120 年纪念版·珍藏本）
增订本出版说明

2017 年 10 月，为纪念商务印书馆创立 120 周年，本馆推出“汉译世界学术名著丛书”（120 年纪念版·珍藏本），计七百种。近五六年来，仰赖学界同人倾力支持，订正旧译，增补新译，拓展新著，积累日多。为满足读者需要，本馆在七百种的基础上，继续推出“汉译世界学术名著丛书”（120 年纪念版·珍藏本·增订本）三百种。至此，“汉译世界学术名著丛书”累计出版已达千种。

今后，本馆将继续推进丛书的翻译出版工作，在积累单本名著的基础上陆续分辑刊行，汇印出版。为促进中外文明互鉴、推动我国学术发展，使“汉译世界学术名著丛书”这项对我国学术文化有基本建设意义的重大工程发挥更大作用，诚望海内外学术界、翻译界继续给予支持，帮助我们把这套丛书出得更好。

商务印书馆编辑部

2024 年 2 月

汉译世界学术名著丛书
（120年纪念版·珍藏本）
出版说明

2017年2月11日，商务印书馆迎来120岁的生日。120年前，商务印书馆前贤怀揣文化救国的理想，抱持“昌明教育，开启民智”的使命，立足本土，放眼寰宇，以出版为津梁，沟通中西，为中国、为世界提供最富智慧的思想文化成果。无论世事白云苍狗，潮流左右激荡，甚至战火硝烟弥漫，始终践行学术报国之志，无改初心。

逡译世界各国学术名著，即其一端。早在20世纪初年便出版《原富》《天演论》等影响至今的代表性著作，1950年代后更致力于外国哲学和社会科学经典的译介，及至1980年代，辑为“汉译世界学术名著丛书”，汇涓为流，蔚为大观。丛书自1981年开始出版，历时三十余年，迄今已推出七百种，是我国现代出版史上规模最大、最为重要的学术翻译工程。

丛书所选之书，立场观点不囿于一派，学科领域不限于一门，皆为文明开启以来，各时代、各国家、各民族的思想与文化精粹，代表着人类已经到达过的精神境界。丛书系统译介世界学术经典，引领时代思想，为本土原创学术的发展提供丰富的文化滋养，为推动中国现代学术和现代化进程做出了突出的贡献。

为纪念商务印书馆成立120周年，我们整体推出“汉译世界学术名著丛书”120年纪念版的珍藏本，寄望既利于文化积累，又便于研读查考，同时向长期支持丛书出版的译者、编者和读者致以敬意。

两甲子后的今天，商务印书馆又站在了一个新的历史时间节点上。我们不仅要铭记先辈的身影和足迹，更须让我们的步伐充满新的时代精神。这是商务人代代相传的事业，更是与国家和民族的命运始终紧密相连的事业。我们责无旁贷，必须做好我们这代人的传承与创造，让我们的努力和成果不仅凝聚成民族文化的记忆，还能成为后来人可以接续的事业。唯此，才能不负前贤，无愧来者。

商务印书馆编辑部

2017年10月

译者前言

卢梭的《论语言的起源》大约写作于1756—1761年，原来是“《论人与人之间不平等的起因和基础》中的一个注释”，他在序言中说，因其文字太长，“作为该书的一个注释，不甚合适，就把它删去了。”此书在卢梭生前没有出版，直到1781年，即他1778年逝世后三年，才在日内瓦首版问世。

此书的全题是《论语言的起源——并旁及旋律与音乐的模仿》。这个标题表明，作者的目的，一是回应拉摩在《〈百科全书〉中对音乐的错误论述》这篇文章中对他提出的批评，二是阐述语言和音乐的关系和音律的美学问题。研究卢梭的美学思想，从这两方面入手，是最佳的门径。

从文字的布局看，此书的写作另有深意。他以“会不会说话，这是人和动物之间的区别”这句话开篇，而以杜克洛在《语法大全》中所说的一个民族的特性、风俗和兴趣将对他们的语言的形成与发展产生重大的影响这个论断结尾[①]，可见他在书中不仅只是论述语言的起源问题，而更重要的是要探讨语言所反映的社会道德风尚的走向和政治制度的良窳。卢梭是一位政治哲学家，每作

① 见本书第二十章《语言与政府行政的关系》。

一书，必有一鹄的在，他要从这些探讨中揭示社会和政治制度积弊的产生与救治的良方。

全书共20章，其中以第九章《南方的语言的形成》文字最长。他说这段长长的文字是“题外话”。其实不是；它是书中必然涉及的问题，它像《论人与人之间不平等的起因和基础》那样描述了人类历史的“黄金时代”，它追溯了人类在自然状态中无忧无虑的美好生活，追溯了人类从自然状态进入社会状态的过程及自然条件（如气候的变化和洪水的泛滥等）在其中所起的作用。追溯人类历史的进程，就可发现人类语言的起源与演变过程。在卢梭看来，语言不产生于人们孤独的生活中；语言是社会生活的产物，是人类思想交流的工具。语言和社会这两者的产生，是互相依存和互为条件的，很难分辨“是先有社会的建立然后有语言的发明，还是先有语言的发明然后有社会的建立”[①]。

这的确是一个有趣的难题。他说他“把这一难题留给那些愿意研究的人去讨论”[②]。

李平沤

2014年8月

① 卢梭:《论人与人之间不平等的起因和基础》，李平沤译，商务印书馆2007年版，第69页。

② 同上。

目　录

序　言

（摘录[①]）

第二个作品[②]，原来也是《论人与人之间不平等的起因和基础》中的一个注释，但因文字太长，作为该书的一个注释不甚合适，所以我把它删去了。后来，由于拉摩先生发表了他的《对音乐的错误论述》[③]（这个标题，除我删去的几个字[④]以外，其余全部照录），我又把我的这个作品重新修改了一次，但还是迟迟不敢贸然将它付梓刊行，因为它论述的是语言的起源问题，而我勉勉强强只懂一种语言就对这个问题大发议论，这实在令人好笑，何况

① “摘录”二字，为译者所加。1763 年，卢梭打算将《论语言的起源》与《论戏剧的模仿》和《以法莲山地的利未人》三个作品合刊一册问世，并写了一个简短的序言，分段记述三个作品的写作经过，这里只摘录其中叙述《论语言的起源》的写作经过一段。——译者

② 指《论语言的起源》。——译者

③ 拉摩的《对音乐的错误论述》，原题为《〈百科全书〉中对音乐的错误论述》，发表于 1755 年；拉摩在书中不仅对卢梭为《百科全书》写的《伴奏》《和弦》《大合唱》与《半音阶》等词条提出批评，而且还谈到了他在拉·波普里尼埃尔家中听演奏卢梭的《风流的缪斯》时对卢梭的嘲弄和蔑视。关于拉摩攻击卢梭的故事，请参见卢梭:《忏悔录》，第 7 卷（李平沤译，商务印书馆 2010 年版，第 434—435 页）。——译者

④ “我删去的几个字”指“《百科全书》中”五字。——译者

对这个作品的内容，我本人就不甚满意，所以决定不向公众发表。然而，有一位大力扶持文化事业的高官[①]对这个作品十分赞赏，比我本人对它更加关心，我只好听从他的意见，趁其他两个作品[②]出版的机会，将它一同出版；如果没有这个机会，我说什么也是不敢将它单独面世的。

① 指法国王家图书总监马尔泽尔布。——译者

② 指《论戏剧的模仿》和《以法莲山地的利未人》。——译者

第一章　传递我们的思想的几种方法

会不会说话，这是人和动物之间的区别；说哪种语言，是不同的民族之间的区别。一个人一开口说话，我们就知道他来自什么地方。社会习俗和生活需要，使每一个人都能学会他的国家的语言，但是，是什么原因使这种语言成为他的国家的语言而不成为别的国家的语言呢？要回答这个问题，就须要追溯一下在地域和风俗形成之前就存在的事物产生的原因。语言虽然是社会的第一个人为的产物，但它的形式则完全是由自然的原因形成的。

只要一个人被另一个人看出来是一个有感情和思想并与他的样子相似的有生命之物，他就希望而且需要同他交流他的感情和他的思想；他就要想办法达到这个目的。这些办法只能通过他的感官来实现：感官是一个人唯一能使他对另一个人产生影响的工具。表达思想的可感知的信号，就是这样创造出来的。语言的发明者虽然讲不出这番道理，但他们的本能能使他们这样做。

我们能对另一个人的感官产生作用的办法只有两个：动作和声音。我们的动作是通过接触直接对对方或以姿势间接对对方产生影响的。前一种方法由于受胳臂长度的限制，不能触及远处的人；而后一种方法，只要有可见的光亮，就可以想影响多远的人，就可以影响多远的人。由此可见，分散在不同地方的人之间的被动的语言器官，只有视觉和听觉。

尽管姿势语言和声音语言都是自然的，但前者做起来比较容易，而且不怎么需要按一定的规则做，因为引起我们眼睛注意的事物比引起我们耳朵注意的事物多；事物的形象的变化比声音的变化大，而且更富于表现力，可以在较少的时间里表达更多的事情。有人说：爱情是绘画的发明者；很可能话语也是它发明的，只不过它不那么喜欢用话语表达罢了。它对话语的表达不甚满意；它有更好的表达方法。那个高高兴兴地把她的情人的影子描绘出来的女孩子，对他表达了多么深厚的情意啊，她能用声音表达她用一根小树枝表达的那种思念之情吗？[①]

我们的姿势表达的是我们的自然的焦急的心态，我在这里不谈这个问题。只有欧洲人在说话时才爱打手势。人们说，欧洲人讲话的力量表现在他们的胳臂上，除了胳臂的力量以外，还表现在肺的力量上；这样做，对他们一点好处也没有。有人讲过这样一个故事：一个法兰克人全身东摇西晃地扯破嗓子大声嚷嚷对一个土耳其人讲了许多话之后，那个土耳其人从嘴里取出他的烟

① 这段话讲的是老普林尼（23—79）在其《博物志》中叙述的一段传说：有一个女孩子在她的情人临别去远方的前夜，用一根小树枝把灯光投射在墙上的他面部的影像勾画成了一幅与他完全一样的图画。据说，绘画这门艺术，就是这样诞生的。——译者

斗，细声细气地只说了一句切中要害的话，便把那个法兰克人驳得哑口无言，呆若木鸡。

自从我们学会了打手势以后，我们便忘记了如何以某种行动表达我们内心深处的想法的艺术。由于我们有了许多条条框框的语法规则，我们便不再懂得埃及人的那些图形。[①]古人讲得最生动的话，不是用言语而是用形象表达出来的。他们不用嘴巴说，他们用动作表示他们心中的意思。

一翻阅古代的史书，你就会发现书中有许多用这种方法向眼睛说话的例子。用这种方法产生的效果，不但不比用语言产生的效果差，甚至还更好。在开口说话之前，展示的事物将引起对方的想象，激起他的好奇心，使他心中七上八下地猜想展示该事物的人将说些什么。[②]我发现意大利人和普罗旺斯人往往是先比划一个动作，然后才说话，使对方更加注意听他们将说些什么。最有力的语言是：还没有开口说话，就用某种形象把想表达的意思

① 指埃及的象形文字。——译者

② 这段话的意思，卢梭后来在《爱弥儿》中又阐述了一次："古代的人能倚仗他们的口才达到他们的目的，这一点固然是很奇妙的；但是，这种口才不仅表现在措辞的美，而且，从来就是说话的人所说的话越少，他所取得的效果反而越大。说话之所以显得生动，不在于说了些什么词，而在于使用什么符号来表达；不是说得生动，而是演得生动。把一个东西呈现在人的眼前，就能燃起他的想象，引起他的好奇，使他一心等着你要说些什么话；单单这个东西往往就能说明全部问题。"（卢梭：《爱弥儿》，李平沤译，商务印书馆 2013 年版，下卷，第 517 页）——译者

全都表达清楚了。塔昆尼乌斯[①]、思腊西布路斯[②]打掉罂粟的枝头；亚历山大[③]在他的亲信的嘴上盖上他的印信；戴奥吉尼斯在芝诺的面前来回走动：这几个人的举动不是比用语言把他们的意思表达得更清楚吗？转弯抹角、翻来覆去地唠唠叨叨地讲，能取得他们那样的效果吗？大流士把军队开进西塞时，收到西塞国王派人送来的一份礼物：一只青蛙、一只小鸟、一个小老鼠和五支箭。那个送礼物的使者把礼物放下后，一句话不说，转身就走了。这一可怕的行动，立刻就产生了效果：大流士马上撤兵回国。如果用信来代替这份礼物，信上的话愈说得厉害，愈吓不倒人，大流士将把它看作是虚张声势的大话，一笑置之的。

以法莲山地的那个利未人决定要替他被凌辱致死的妻子报仇[④]，但他不写信告诉以色列人；他把他妻子的尸体切割成十二

① 李维的《罗马史》中有这样一段记载：塞克士图斯派人去问他的父亲塔昆尼乌斯如何治理其城邦。塔昆尼乌斯领着塞克士图斯派来的人走进宫中的花园里，一句话不说，一边散步，一边用一根棍子打掉罂粟丛中长得最高的枝头。来人回去向塞克士图斯报告了这个情况以后，塞克士图斯明白了其父亲的意思，于是下令将城邦中最显要的头面人物通通处死。——译者

② 据希罗多德的《历史》中的一段记载说：柏里昂德派一位官员到思腊西布路斯那里去问如何才能使城邦的人保持平静，一切按法律行事。思腊西布路斯领着那位官员走到城外的一块麦地里，一边走，一边把长得最高的麦秆打倒在地，然后一句话不说，就把那位官员打发走了。那位官员回去向柏里昂德报告了这情况以后，柏里昂德明白了思腊西布路斯暗示的意思，把城邦中最拔尖的那些人通通杀掉。——译者

③ 据普鲁塔克的《亚历山大传》说：有一次，亚历山大的一位亲信看到了亚历山大收到的一封密信，于是，亚历山大便用自己的印信在这位亲信的嘴上盖了一下，示意其严守秘密。——译者

④ 关于以法莲山地那个利未人的妻子被凌辱致死的故事，见《圣经·旧约全书·士师记》第19章。——译者

块，分送给他们。以色列人看见这一可怕的情景，便马上拿起武器，高声叫喊：“从以色列人出埃及地，直到今日，这样的事没有行过，也没有见过，现在应当思想，大家商议，当怎样办理。”[1]接着，便雅悯[2]支派的人便被消灭了。*这件事情要是发生在我们今天，我们就会去官府告状打官司，沸沸扬扬，闹得满城风雨，也许还会把它当作笑话来谈论，结果使这件最令人发指的事情久拖不决，不了了之。扫罗王犁田归来，把犁田的牛宰成碎块，并做了一个宰牛的动作，示意以色列人去援助雅比人。[3]犹太人的先知，希腊人的立法者，往往向人民展示引人联想的事物，比长篇大论地向人民演说一通的效果好得多。阿德勒乌斯书中所说的大律师伊柏里德一句替名妓费罗莱辩护的话都没有说就使她获得了宽恕的办法，是一种无声的口才，其效果之佳，古往今来都是罕见的。

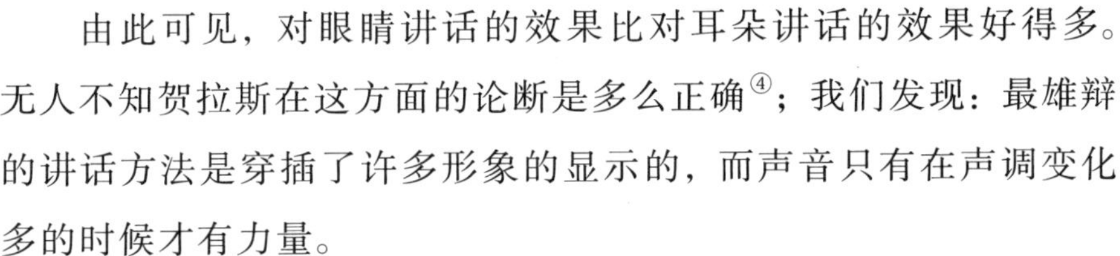

由此可见，对眼睛讲话的效果比对耳朵讲话的效果好得多。无人不知贺拉斯在这方面的论断是多么正确[4]；我们发现：最雄辩的讲话方法是穿插了许多形象的显示的，而声音只有在声调变化多的时候才有力量。

---

① 《士师记》第19章第30节。——译者

② 便雅悯：这个译名是中文本《圣经》的译法，今通译作“本杰明”。——译者

* 只剩下六百男人，妇女和儿童一个也没有留存。——作者

③ 关于扫罗王的这段故事，请参见《圣经·旧约全书·撒母耳记（上）》第11章第7节。——译者

④ 拉丁诗人贺拉斯（前65—前8）在其《诗艺》中的这个论断是：“心灵通过耳朵受到的影响，不如通过眼睛直观受到的影响大。”——译者

然而，当问题是要打动人的心和激起他的感情时，那就是另外一回事了。一个人的话以一层比一层深入的印象使你受到的感动，与事物的形象使你的眼睛一看就明白而受到的感动，是大不相同的。假定我们现在看到了一个遭受痛苦的人：我们虽然看到了他遭受的痛苦，但我们是很难感动得哭泣的。可是，在他向你讲述了遭遇的苦难经过以后，你立刻就会泪流满面的；悲剧之所以能产生这样的效果，其道理就在于此。* 只有不说话的哑剧才使你静静地看，几乎一点感情也不动。但是，只要演员一开口讲话，即使不用动作表演，也能使你感动得流泪；感情是有动作感的，是有声调的；它将使你不可能无动于衷，它将打动你的心；不论你愿意或不愿意，它都能使你受到感动，使你感到声调所传达的

* 我在别处已经说过[①]：戏剧中表演的痛苦比真正的痛苦更能打动我们的心的原因。那些看到悲剧中的剧情便哭泣的人，在真正看到穷苦的人时却一点同情心也没有。戏剧用种种美德来激励我们，这当然是很好的，然而，剧中表演的美德，我们却一个也没有。——作者

① 指在《致达朗贝尔的信》中的这样两段话："有些人说：悲剧可以通过剧中令人悲恸的剧情启发人们的怜悯心。就算是这样，但它启发的是什么样的怜悯心呢？一刹那间的激动而已。它持续的时间不会超过引起人们怜悯心的那一段短暂的舞台表演，它充其量也只不过是自然感情的一点点儿余波，而且转眼就会被激情驱散，只干巴巴地空流几滴眼泪，一点真情也没有。（……）

"如果人的心真是像狄奥热纳·拉埃尔西所说的那样，对想象的痛苦比对真实的痛苦更感到悲伤；如果舞台上的表演有时候比它们所表演的情节真的出现在我们面前更能使我们流出伤心的眼泪；如果真是这样的话，推究其原因，正如杜波斯神甫指出的，不是由于人的心情的波动微弱，还没有达到使我们感到痛苦的程度，而是由于这时候的心情是单纯的，未掺杂有使我们感到某些对我们自己不利的因素。只要对舞台上表演的情节流几滴眼泪，我们就尽到了我们的仁爱之心，就不必真的要有所作为。"（卢梭：《致达朗贝尔的信》，李平沤译，商务印书馆 2011 年版，第 48—49 页）——译者

内容。总之，眼观的形象，虽可使我们的模仿更加准确，但能使我们心情更加激动的，是声音。

这使我忽发奇想：如果我们只有身体上的需要，我们也许就永远用不着语言了，我们单单用动作就可以使我们互相了解了；我们建立的社会也许和今天的社会就有所不同，就可使我们能更好地达到我们的目的，能更好地制定法律、选举官员、发明艺术和开展贸易；一句话：凡是要借助语言办理的事，我们几乎都可不用语言也能办理。在东方[①]，大户人家的妻妾尽管被专人防守，但她们用萨拉姆*传递私情，就躲过了男人的猜疑。佩雷尔先生同其他人一样，虽能教会哑子"说话"和懂得别人表示的意思，但他们却硬要哑子先学会另外一种同样复杂的语言，然后借助这种语言，才能懂得别人的意思。

沙丹说，在印度，两个经纪人互相握手，用一种谁也瞧不见的方法改变他们手指的动作，两个人一句话不说，当着众人的面，就悄悄把买卖做成了，即使两个经纪人是瞎子、聋子或哑子，他们也能互相沟通。由此可见，在我们可主动运用的两个感觉器官[②]中，只要一个就足以为我们创造一种语言了。

从以上所说还可以看出：传递我们的思想的方法的发明，不怎么依赖于我们用来传递思想的器官，而更多的是依赖我们使用

① 指地中海东岸各国。——译者

* 萨拉姆：许许多多最普通的东西，如一条丝带或一个橘子或一块煤，都可作萨拉姆送给情人；情人一收到对方送来的萨拉姆，就明白她想表达的意思。——作者

② 指手和眼睛。——译者

这些器官的能力，而且，即使没有这些器官，我们也可以用其他的器官来达到同样的目的。一个人的身体构造如果太简单，他从外界获得的知识当然就少，但是，只要他与他的同类之间有任何一种对对方产生影响的办法，他们就能有多少思想便传递多少思想。

在传递思想方面，动物虽然有一整套器官，但从来没有哪一种动物加以利用；我觉得，这是人同动物之间的一个显著的区别。它们当中，那些聚群生活和聚群劳作的动物，如海狸、蚂蚁和蜜蜂，都有某种交流思想的语言。这一点，我是确信无疑的。我甚至认为，海狸的语言和蚂蚁的语言是用动作表达的，是向眼睛说话的。不管怎么说，无论是海狸的语言和蚂蚁的语言，都是天生就会的，而不是后天获得的。说这种语言的动物一生下来就会；无论什么地方的海狸和蚂蚁都是一样的，从来没有过什么改进，只有人类才有约定的语言；人类之所以取得进步，其道理就在于此（当然，有些进步是好的，有些进步是坏的）。而动物之所以没有取得进步，其道理也在于此。单单这个区别，就值得我们深入研究：有人认为，这是由于器官不同的缘故；我倒要看看这些人怎么论证他们的根据。

第二章　语言的发明不来自生活的需要，而首先是来自感情

可以肯定的是，使我们做出动作的，是由于生活的需要；而使我们非发出声音不可的，则是感情。根据这些区别，循着事实的轨迹，也许在探讨语言的起源方面，我们须要采取另外一种与人们迄今采用的办法完全不同的入手之道来进行推理。东方各国的语言是我们所知道的最古老的语言；它们的美妙，完全否定了人们所想象的那种刻板式的进程。它们根本没有什么一定的程式和条条框框；它们非常生动和形象。有些人说初民的语言是几何学家的语言，而我则认为是诗人的语言。

事情本来就是这样的。远古的人们不可能一开始就凭理性行事，而只能凭感觉行事。有些人说人类是为了表达他们的生活需要而发明语言的；我认为这个说法是站不住脚的。因为，人的第一需要[①]的自然结果是使人分散，而不是使人聚集。必须这样做，人类才能四方分布，地球上才能到处有人；不这样做，人类就会成堆成堆地拥挤在地球的一个角落，而其他地方则荒无一人。

单单这一点就足以证明语言的起源绝对不是来自人的第一需

① 第一需要，即：生活的需要。——译者

要。更荒谬的是：有些人说人类是从使他们分散四方的原因中找到使他们聚集在一起的办法的。然则，语言的起源究竟来自什么呢？来自心理的需要，来自感情。是各种各样的感情把为了生存而不得不互相分离的人聚集在一起的：使人发出第一次声音的原因，既不是饥，也不是渴，而是爱、恨、怜悯和愤怒等心情。树上的果子，我们用不着说话，一伸手就可以摘下来吃；我们静悄悄地搜寻猎物，才能把猎物找到；然而要打动一颗年轻的心，要赶走一个凶恶的侵略者，大自然就让我们发出悦耳的声音，发出吼声或发出怨声。最古老的话语就是这样发明的。初民的语言之所以先是像歌唱似的和带感情的，然后才有一定的表达方法，其原因就在于此。不这样区别，就不符合实际了。这一点，我在后面还要谈及。

第三章 最初的语言是形象化的

由于促使人说话的第一个动力是感情，因此，他的第一个表达方法是隐喻的。首先诞生的是象形语言，它内含的本义是后来才有的。在我们看见事物的真正形象后，我们才能赋予它名称；我们开始的时候是像朗诵诗歌那样说话的，很久以后才平铺直叙地说。

我发现，读者读到这里时，将打断我的话问我：既然形象包含的意思是在逐渐形成的过程中，那么，在未找到其本义之前，它怎么形象化呢？读者的这个问题，问得有道理。然而，要理解我在前面所说的话的意思，只单单用感情使我们产生的思想来取代我们想赋予的那个词的意思就行了，因为，正是由于我们想传递我们的思想，我们才力图用一个词来表达，否则，象形语言便什么意思也没有。举一个例子如下：

一个原始人在遇见其他几个原始人的时候，开头是会大吃一惊的。他吃惊的原因是，他觉得那几个原始人比他强大；他称他们为“庞然大物”。在经过多次接触后，他发现那几个所谓的庞然大物并不比他高，也不比他强；他们的个头一点也不像他开头赋予“庞然大物”一词的样子，于是，他就发明另外一个对他们和他自己都适用的词，例如“人”，来称呼他们，而把“庞然大物”这个词用来称呼其他使他吃惊的事物。这就是为什么在心情迷惑我们的眼睛，并向我们提供的第一个概念并不真确的时候，我们先有象形词然后才有本义词的原因。我对词和名称的这段论述，也可毫无困难地用来解释句子的表达方法。由于心情向我们呈现的假象首先出现，与它相应的词也随之首先发明；我们清醒的头脑虽然发现了它的错误，但也只好采用它所发明的词；这个词之所以含有隐喻的意义，其道理就在于此。

第四章　初民的语言的特征和它经历的变化

简单的声音，我们的喉咙自然而然地就会发出，我们的嘴自然而然地就会张大一点或张小一点；但要清清楚楚有腔有调地说话，我们的舌和腭的动作就要经过练习：我们不是专门练习，而是不知不觉地练习。所有的儿童都要学会这个本领，但有些儿童做起来就不那么容易。在所有的语言中，叫喊声都是没有腔调的。尖叫声和呻吟声是简单的声音；聋哑人只能发出含糊不清的声音。拉米神甫没有料到：即使上帝不教人说话，人也会发明另外的语言。能清晰发的音的数目是很少的，而声的数目却很多，声的腔调也很多。音乐的音各个都是响亮的。在我们的语言中，响亮的音只有三四个，而中国的语言却有很多，但他们的辅音比较少。除了这些声音的组合以外，再加上节拍或音长的变化，就不仅能创造许多词，而且还可产生各种各样的音节，其数目甚至多到超过最富表现力的语言的需要。

我毫不怀疑：除了词汇和句法以外，初民的语言如果现今还存在的话，便一定还保存有它与其他语言迥然不同的原始特征。不仅这种语言的表达方法是形象化和感情化的，而且它的语调也是与它的目的相符合的；它向耳朵和头脑呈现的，是它急于与对

方交流的不可掩饰的感情。

由于自然的声音都不是有腔有调的，所以词儿抑扬顿挫的变化也不多，只要有几个辅音插入其间，就消除了元音的连读，就足以使它们很流畅地发音；相反，音的变化很大，重音的多样性，也将增加声音的多样性，从而使音长和音律成为新的组合的源泉，以致天然的声音、重音和音长发挥的作用扩大到使人为的发音方法没多大用处：两个人交谈，与其说他们是在说话，不如说他们是在唱歌。大多数基本词都是象声词，是感情的流露，是可感知的事物产生的结果：象声词可使对方不断感知说者想表达的意思。

这种语言将根据不同的关系而用许多同义词来表达同一种事物 *；它的副词不多，用来表达同样关系的抽象词也不多，但它有许多加强词义的词缀、指小词、复合词和虚词，使复合句有节奏感，使独立句有一针见血的力量。它不规则的词语形式也很多；为了加强声调的和谐和声音的美，它甚至不顾及语法的规则。它不一句一句有条理地说，而采用不讲一番道理也能说服人的方式说：多用手比画，而少用嘴讲；在某些方面很像中国话，在另外一些方面又像希腊语和阿拉伯语。把这些论点用来观察初民的语言的其他特征，你将发现柏拉图的《克拉底鲁篇》并不那么可笑。

---

* 据说，阿拉伯人有一千个用来表达“骆驼”的同义词，有一百多个用来表达“双刃剑”的词。——作者

第五章　文字的书写

凡是对语言的历史和进步下功夫研究过的人，都会发现：声音变得愈单调，辅音便愈增多；人们用语句的变化和新的发音方法去代替声调和音长；不过，这些变化是逐渐产生的。随着生活需要的增加，随着要办理的事情愈来愈复杂，随着知识的增长，语言的特征也随之改变了：它变得愈加严谨而不那么情绪化了，愈加用思想代替感情了；它不再向心说话，而向头脑说话了。这样一来，说话就不那么讲究声调了，吐音就更清楚了，话语的意思也更准确了，不过，语速也就更缓慢了，声音更低沉了。我认为这些变化是很自然的。

另外一个把各种语言加以比较和判断它们产生的年代的方法，是从文字的书写方法中推演出来的，与这门艺术的完善恰成反比：笔画愈粗略，语言便愈古老。书写的第一个方法，不是画声音，而是画事物，墨西哥人就是这样做的，而从前的埃及人则画的是寓意的图形。这种情况，与情绪化的语言是相符合的，它表明人的感情已经使某种形态的社会和需要即将诞生。

第二个方法是用大家都认可的字表示声音和句子。这一点，只有在语言已经完全形成，人民已经由共同的法律联合在一起，才能做到，因为这里有一个双重约定的问题。中国人的书写方法就是这样；这是在描绘声音，向眼睛说话。

第三个方法是把话声分解成几个发音清晰的或不清晰的音素，用它们来构成单词和音节。我们的书写方法就是这样的，是从事经商贸易的人发明的。他们到各国旅行，必须会说几种语言，因此，不得不发明一些大家都认识的字：这种方法不是描绘话语，而是在分析话语。

这三种方法正好适用于可以称作民族的三种人：画事物的图形适合于原始人；画表示单词和句子的符号适合于野蛮人；用字母拼写适合于文明人。

切莫以为最后这个发明是发明这种艺术的人民非常古老的表征；恰恰相反，这很可能是发明这一艺术的人民把它作为一种与讲别种语言的人更容易思想交流的手段；这些人至少是他们同时代的人，甚或是比他们更古老的人。而其他两种方法就不是这样了。我承认：从历史和已知的事实看，用字母拼写的书写方法也很可能同其他两种方法同样古老。我们虽然还没有找到可靠的材料证明历史上曾经有过人不写字的时代，但这并不奇怪。

看来，那些想把话语转换成符号的人，不可能一开始就准确地知道需要转换多少符号。当他们随后发现他们所转换的符号不够用时，有的（如希腊人）就增加字母的数目，有的就改变字母的位置，构成不同的组合形式，表达不同的意思和发音。从沙丹给我们展示的查尔米纳尔[①]废墟的墙上刻画的文字的拓片看，就

① 古伊朗地名，今称波斯波利斯。——译者

是这样写法的。从拓片上看，只有两个图形或字 *，但它们的大小不同，位置也不同，从字形的美 ** 和刻有这些文字的墙体就可看出这个不为人知的极其古老的语言的结构是很好的。我不明白人们为什么对这个令人惊羡的废墟的谈论是如此之少；当我读到沙丹的那些描述时，我感到我好像是到了另一个世界。我觉得，这种情况的确值得我们深思。

书写的艺术与说话的艺术无关，它产生于另外一种性质的需要。这种需要产生得早或产生得晚，这要看情况，与民族存在的时间是否久远无关，而且在很古老的民族中不可能出现。埃及的象形文字曾一度是世界上仅有的文字：这一情况经历了多少个世纪，我

* 沙丹说："有些人感到很惊奇：两个图形可以构成那么多字母，但在我看来，这没有什么奇怪，因为我们的字母有 23 个之多，它们也是由两条线——一条直线和一条曲线——构成的，即：由一个'C'和一个'I'就可以构成我们所有的字词。"——作者

** "字形非常美，既不混乱不清，也不乱画乱涂。有些人也许会说，它们是涂了金的，因为其中有几个字母，尤其是大写字母，现在还有金的痕迹。经过了这么多世纪，空气还没有销蚀掉上面的金，这的确是不可思议的奇事；更不可思议的是，在全世界那么多饱学之士中，竟没有一个人能读懂这种文字，因为，无论从哪方面看，它与我们所知的文字都不相近；相反，我们今天所知道的各种文字，除中文以外，彼此之间都有许多近似之处，好像是来自同一个源流。在这方面，更奇妙的是，作为古波斯人的一个支脉的子孙的格布雷人[①]虽迄今还保存了他们的宗教礼仪，但对于这种文字的了解，并不比我们多，而且他们的文字，也与我们的文字一样，与之并不接近。由此可见，要么这是一种神秘的天书，但细细琢磨又不像，因为这种文字在各地方的建筑物上都有，而且笔法都一样；要么，由于它已那么年湮代远，以致我们无法识别。"沙丹的这段话，使我们可以这样推论：在西鲁士和占星术盛行的时代，这种文字已被人遗忘，同今天一样，没有人认得。——作者

① 指今天还信奉袄教的波斯人。——译者

们不知道。有人以墨西哥人为例，墨西哥人的象形文字还不如埃及人的象形文字那么方便，但已经足够一个文明的民族的需要了。

把科普特人的文字和古叙利亚人或腓尼基人的文字一加比较，就可看出前者出于后者；后者是原型；最近代的民族教最古老的民族，这种情况并不奇怪。同样显然的是，希腊的文字也是来自腓尼基的文字。是卡德穆斯或其他人从腓尼基带去的；很显然，希腊人没有去寻找，是腓尼基人自己带去的，因为亚洲人和非洲人是第一个甚至是唯一*与欧洲人通商贸易的人，是他们到希腊去，而不是希腊人到他们那里去。当然，这并不表明希腊人没有腓尼基人那么古老。

起初，希腊人不但采用腓尼基人的字母，而且还采用了腓尼基人的写法：每一行都从右往左写；后来，他们还像在地里犁田那样写：从右往左写，接着便由左往右写，这样转来转去地写**，最后他们才像我们今天这样每一行都从左往右写；这一进步是很自然的。像在地里犁田那样的写法，当然读起来很方便。令我吃惊的是，他们在印书时没有采用这种方法；看来是由于手写起来很困难，在需要印刷的材料日益增多时，这种方法就不再使用了。

尽管希腊文的字母来源于腓尼基文的字母，但不能因此就说希腊语也来自腓尼基语，这两者是不相关联的。希腊语也是相当

---

* 我把迦太基人也看作腓尼基人，因为他们是提尔人的一个旁系。——作者

** 请参见鲍萨尼亚斯·阿加狄亚的著作；拉丁人开始也是这样写法的；据维克多里努斯说，Versus（与……的方向相对）一词就是从这里来的。——作者

古老的，但希腊文的书写方法是后来才有的，而且是不完善的。直到特洛伊围城战的时候，他们也只有16个字母；有人说：帕拉梅德给希腊文创造了4个字母，西摩尼德给希腊文也创造了4个字母。不过，尽管这样，也还是不怎么够用的。相反，稍后的拉丁文几乎一诞生就有了一整套字母，只不过当时的罗马人很少使用罢了，因为他们开始写他们的历史的时间是非常之晚，他们的五年祭[①]是用钉钉子的办法记述的。

字母或话语的基本音素，是没有一个绝对确切的数目的；根据元音和辅音的不同变化，有的语言的元音多一点，有的语言的元音少一点。有些人认为只有5个元音，这显然是不对的：希腊人能书写的元音有7个，早期的罗马人有6个*，波尔-罗亚尔[②]的先生们有10个，杜克洛有17个；如果我们的耳朵对不同的发音的反应更加灵敏，如果我们的嘴更加努力地练习发不同的音，我相信我们还会有更多的元音。我们发现，由于发音器官的灵敏程度不同，在清音a和浊音o之间，在i和开口音e之间，是有或多或少的变化的。通过声音的细微差别，在从一个元音过渡到另一个元音的过程中，我们每个人都可以感觉到这一点；由于听惯了这些或多或少的差异，我们就可以对它们加以辨别，用特殊的字母表示它们。这个习惯是否能养成，取决于我们的听觉器官是否能不知不觉地适应语言中常用的那些声音。对于可清晰发音的元

① 古罗马人每五年举行一次的宗教祭祀活动。——译者

* “希腊文有7个，罗慕鲁斯将它减少到6个，但后来只用了5个（同希腊文一样，y被排除了）”（引自马尔提拉鲁斯·卡佩拉，第3卷）。——作者

② 波尔-罗亚尔：一修道院名。——译者

音或辅音，大体上也可以这样解说。但大多数国家的人民没有这样做，他们互相采用对方的字母，而且用同样的字形表示大不相同的音和声调；结果，不论拼写方法是多么正确，但除了经过严格训练的人以外，都会使人可笑地像读用自己的语言写的书那样读用另一种语言写的书。

书写的文字，表面上看起来似乎可以使语言有明确的意思，但实际上却损害了它的内涵；它虽没有改变它的字词，但改变了它的美；虽使它的意思更准确了，但使它失去了表现力。人们在谈话的时候，可以传达感情，而在书写的时候，则只能传达意思。在书写的时候，每个字都必须按大家都认同的意思使用，但在说话的时候则可用声调来改变它的含义：想使它表达什么意思，就可以使它表达什么意思，不但不那么拘束，反而表达得更清楚，更有力量：书面语是不可能像口语那样生动活泼的。书面语只能书写其意义，而不能传达其神韵。在能清晰发音的语言中，是声音和各种各样的音调变化，使语言具有力量，使语句在它们出现的地方准确表达其意义。不论人们用什么方法来代替这个方法*，都会使书面语显得拖拖沓沓，没有力量。如果像写文章那样说话，我们说起话来就会像是在念书本。

* 在这些方法中，又好又无缺点的方法是打标点符号，尽管目前的标点符号尚不十分完备。例如：我们为什么没有称呼号？我们有问号，但实际上我们并不怎么需要问号，因为，单单从句形就可看出对方是在发问，至少在我们的语言中是如此。Venez-vous（你来吗）与 Vous venez（你来）并不是一个意思。我们在书面语中怎么分辨我们是在指一个人还是在呼叫一个人；只能用称呼号来解决这个不清楚的问题。在嘲笑人的语言中，不用声调来表达的话，也有这个含混不清的弊病。——作者

第六章　荷马[1]到底会不会写字

尽管有人说希腊人早就有了文字，但我认为希腊文的诞生，比人们所说的时间晚得多。我主要是根据希腊文的特点，得出这个看法的。我经常在心里不仅怀疑荷马会写字，而且怀疑在他那个时代在希腊有会写字的人。很遗憾：我的怀疑被《伊利亚特》中叙述的柏勒洛冯的故事[2]完全打消了。可是，我也像哈尔杜安神甫那样，依然坚持我这个看法；多怪我无知，还竟然进而怀疑这个故事本身，认为这是荷马诗作的辑录者们不经过多方考证而擅加己意编纂的。我不仅在《伊利亚特》中看出了这种手法的痕迹，而且还敢说整个《奥德赛》都只不过是由许多荒谬的故事拼凑而成的；只需两三句话稍加分析，就可使人看出它是一篇没多大意义的文字，不仅不合情理，而且还会使人看出诗中的主人翁是不会写字的。如果《伊利亚特》是用笔创作的，它就不会那么琅琅

① 荷马（约公元前850—？）：古希腊诗人，据信，《伊利亚特》和《奥德赛》这两首史诗就是他作的。——译者

② 柏勒洛冯的故事：普洛托斯请柏勒洛冯带几个“小木片”去见其岳父。他的岳父看了小木片上画的符号以后，明白了他欲借其手杀掉柏勒洛冯，但几经尝试，都未成功，都被柏勒洛冯识破，逃脱了险境。——译者

上口地被人吟咏，行吟诗人[①]就不会那么多，就不会那么到处受人欢迎。从来没有哪一个诗人的诗是像塔索[②]的诗在威尼斯那样唱遍了全城，而且唱的人都是从不读书的船夫。荷马的诗中使用了好几种方言，这也是一个有力的证据，证明我的看法是有道理的。方言在说起来的时候还与一般的语言相接近，但在书写的时候就大不一样了；可是，一切都要或多或少地符合共同的模式才对嘛。一个国家的人民愈是爱读书，文化水准愈高，方言便消失得愈多，最后便只剩下不读书不识字的一般老百姓才说的鄙俗的土语。

这两首诗都是在特洛伊围城战结束之后才出现的。包围这座城市的希腊人不大会写字，吟哦这两首诗的行吟诗人也不大识字。这两首诗在很长的时间里都是刻画在人们的记忆里的，只是在希腊的书籍和用文字写的诗大量出现以后，荷马的诗才被人们认识到要比其他诗人的诗美得多。其他诗人的诗也不错，但只有荷马的诗才那么流畅顺口，音调铿锵，让那些遍布欧洲的野蛮人[③]听得入迷，尽管他们不懂诗，但却硬要说长道短地乱品诗。

① 行吟诗人：在街头和闹市以吟咏诗歌为营生的艺人。——译者

② 塔索（1544—1595）：意大利诗人。——译者

③ 古希腊人和罗马人及后来的基督教国家的人把其他国家的人都称作“野蛮人”。——译者

第七章　现今的声韵学

我们不知道世界上是否真的有某种既能在口头上讲又能用书面表达的响亮悦耳的语言。如果以为可以用书写的重音去代替口头的重音，那就错了；我们是在重音已经消失的时候才发明重音的。* 更有甚者，我们以为我们的语言中有重音，但实际上我们没

---

*　有些学者既违背常识，也无视从古代文献中发现的证据，硬说希腊人在文字的书写中有名叫"重音"的符号。他们之所以有这种看法，是根据古人所说的两段话；现在让我把这两段话抄录如下，请各位读者去评判它们真正的意思。

第一段话是西塞罗在《演说家》第 3 卷第 44 段说的："在细致的词序排列工作之后，还有句子的韵律和匀称问题。卡图鲁斯，我担心它们在你看来是无关紧要的。其实，有一些类似诗的东西，即：句子的匀称，在古代的贤者看来，在我们的谈话中也有。有一些不是由长呼吸、短呼吸或标点符号而是由句子的意思和字数确定的停顿号，从它们的意思来看，在我们讲话的时候也是必不可少的。据伊梭克拉特的学生劳克拉特说，为了使我们的讲话听起来悦耳，伊梭克拉特首开先河，制定了在当时还没有的讲话必须遵守的韵律规则。音乐家们（从前的音乐家，既是音乐家同时又是诗人）为了使人高兴，发明了诗和歌，使句子合乎韵律，声调听起来很和谐，从而避免使人们的耳朵感到不快。他们认为我所说的这两个新发明（调整声音的方法和把字词控制在一定的范围）可以把诗在整个演说中变成流畅的口头语。"

第二段话见伊西多尔的《起源》第 1 卷第 20 章："在最有名的作家的作品中也用符号。古人把它们在诗和叙事文中作断句之用。符号的作用与字相同，用来表示字句和诗句的语气和意思该停顿的地方。诗句中的符号有 26 个，标在字的下边。"

（转下页）

有；我们所谓的重音，只不过是元音或音长的符号，并不突出声调的变化。关于这一点的证据是：这些重音全都是或者用延长发音时间的办法产生的，或者是由改变嘴唇、舌头和上腭的动作的办法产生的，但没有一个是用改变声门的动作的办法产生的。所以，当我们的长音符指的不是一个简单的声音时，它指的便是长音而不是指其他音。现在让我们看一下希腊人是怎么说的。

丹尼·达里卡纳士说："闭口音的提高和开口音的降低，都是五度音程；由此可见，音韵的重音也是音乐重音，尤其是有长音符号的重音在同一个音节升高到五度音程之后又降低到另一个五度音程时，更是如此。" * 从这段话中我们可以相当清楚地看出杜克洛先生并不认为我们的语言中有音乐重音，而只有韵律重音和声调重音。我们有一种既不改变发音也不改变音长的书写重音符号[①]，不过，它们有时候是用来表示一个省略的字母，有时候用来区别单音节词可能产生的歧义，例如我们的开口音符就用来区别表示地方的副词 où（到哪里去）与更替连词 ou（或，或者）的区别；有时候又用来表示作介词用的 à（到……，向……）与作动词用的 a（有）的含义是不同的。这个重音符号只向眼睛显示这两个

（接上页）

在我看来，在西塞罗的时代，好的抄录者们是采用了断句法的；有些符号相当于我们的标点符号。我还发现伊西多尔发明了表示音步和感叹的符号。但我在这里没有发现书写的符号和重音；即使发现了，人们也只能因此得出一个无可辩驳的完全符合我的论点的结论，即：当罗马人开始研究希腊文的时候，抄录者们为了标明它们的发音，便发明了表示重音和韵律的符号。不过，我们不能因此便认为希腊人早已使用了符号，因为他们并不需要符号。——作者

* 见杜克洛《语法大全》第 30 页。——作者

① 指法文中的“^”和“ˋ”。——译者

单音节词的意思有区别，而不表示它们的发音有什么不同**。由此可见，法国人对“重音”一词下的定义，不符合他们语言中的重音。

我早已料到：那些认为重音符号只用来标示声音的升或降的语法学家会说我在这里又发怪论；由于他们对实际情况没有足够的了解，便硬说单单改变声门的动作，就可以发出他们唯一能用改变口腔和舌尖的动作发出的重音。正是在这一点上，我要向他们分析实际的情况，并向他们指出不可辩驳的事实。

现在，请你按照某种乐器的声音发音，把你所能想到的各种重音的法文字词都统一按这个声音发出来；由于这里谈的是语法重音问题，而不是修辞重音问题，所以虽用不着考虑这些字词是否能构成一个意思完整的句子，但请你看：在你这样说这些字词的时候，你是否能毫无阻碍地按同一个音像你说话那样尽量清晰地发各种重音。如果确切无疑地能，那就证明：既然你的音调是按相同的音高度发出的，它表达的就不是不同的声音。我想象不出你能用什么论点来反驳我讲的这番话。

凡是能用几种曲调唱同一首歌词的语言都是没有固定的音乐重音的。如果重音固定了，曲调也就固定了；只要曲调可随意选择，重音也就成为一个不重要的问题了。

欧洲各国现今的语言都或多或少地是这种情形，甚至意大利语也不例外。意大利语同法语一样，本身并不是一种音乐语言，

. ** 我们可以说意大利人也是用这个重音符号来区别动词 ē（是）与连词 e（和）的，但前者是着重用音调向耳朵表明区别，表示它标注的词是发音的；可惜布翁马蒂没有指出这一点。——作者

唯一的区别是：前者适合于谱写成曲，而后者不适合于谱成曲子。

以上所说，充分证明：由于自然的进程，所有各种有文字的语言都改变了它们的特性，一方面失去了表现力，另一方面却使语言表达的意思更加清楚了；人们愈是讲求语法和逻辑，便愈是加快这个进程；若想使一种语言听起来单调无味，只须在讲该语言的国家的人民中多建几所研究语法的学院就行了。

通过拼写与发音之间的差别，就可产生许多派生的语言。语言愈古老和愈原始，它发音的方法便愈少随意性，因而用来标注发音的符号也愈少。杜克洛先生说："古人所有的音韵符号，即使它们的用法已经规定了，但实际上并不怎么使用。"我还要补充一句说：它们都被别的方法取代了。古代的希伯来人既没有标点符号，也没有重音符号，甚至没有元音字母。当其他国家的人民想说希伯来语时，犹太人反而在说其他的语言了。他们的语言已经失去了音韵，因而要用标点符号来标示其节奏；这在明确字句的意思方面所起的作用多于明确语言的发音。今天的犹太人讲的希伯来语，也许连他们的祖先也听不懂了。

为了学会英语，就需要学两次：一次是学读，另一次是学说。当一个英国人高声朗读的时候，尽管一个外国人两眼看着书本，但他怎么也感觉不到他所看的字和他所听的音能对上号。为什么会出现这种情况呢？因为英国曾先后几次被不同的民族侵占，因此，它的字虽还是那样写法，但发音的方法就几经变化了。在标示文字意思的符号与标示发音的符号之间是有很大的区别的。人们可以用辅音字母使语言写起来更清楚，但不能使它说起来更清楚。代数学在这一点上就有点儿像英语。如果一种语言的拼写比

它的发音更清楚的话，那就表明它只能用书面写，而不能在口头上说。埃及的学者们的语言就是如此；它在我们看来，是一种已经死亡的语言。在夹杂有许多无用的辅音字母的语言中，书面的书写似乎强于口头的表达。谁不认为波兰文就是这样的呢？不过，如果真是这样的话，则波兰语就成了各种语言中听起来最干巴无味的语言了。

第八章　各种语言的起源的一般区别和地区区别

我在此前所说的一切，只涉及了原始的语言和由它们存在的时间的悠久而取得的进步，但未阐述它们的起源，也未阐述它们之间的区别。各种语言之所以互不相同，其主要的原因是地区性的，是由于它们产生的地方的气候和它们形成的方式使然的。为了了解南方的语言和北方的语言的一般区别与特殊区别，就需要追溯一下这个原因。欧洲人的最大缺点是：他们总是按他们周围的情况来探讨事物的起源；他们总说当初居住在一个不毛之地的人，有的冻死，有的饿死，因此急于去寻找一个栖身之地和蔽体之物；他们只看到欧洲都是冰雪，而不知道人类同其他物种一样，是诞生在热带地方，在地球的三分之二的土地上，几乎没有冬天。谁想研究人类，谁就需要多观察自己身边的人，而要研究人，就需要把目光放远一点。要想发现事物的特性，首先就要观察它们之间的差别。

生在热带地方的人，从热带分散到寒带；他们在寒带繁衍，然后又回流到热带；这一往一来，就使地球变了样。地上的居民流动不停。现在让我们顺着这个自然的秩序进行研究，我要对一个已经有许多人谈过的问题说一段长长的题外话。要探讨人类社会的起源，不论你愿意或不愿意，都需要研究这个问题。

第九章　南方的语言的形成

在远古时代 *，分散在地球上的人，除了家庭以外[①]，便没有其他的社会；除了自然法以外，便没有其他的法律；除了手势及几个含混不清的声音以外，便没有其他的语言。** 他们根本不会出于什么共同的情谊而联合在一起；除了力气以外，便没有其他的仲裁人；他们彼此都把对方看作是仇敌。他们之所以有这种看法，是由于他们形单力弱和无知。他们什么都不了解，他们对什么都感到害怕。他们是为了自卫才攻击他人的。一个孤零零地生活在地球上的人，面对那么多人，必须成为一头猛兽，才能生存。谁要伤害他，他就要以牙还牙对付谁。正是由于他对谁都怕，又感到自己力量薄弱，所以他才那么凶狠。

对群居生活的喜爱，只有在我们的智慧增长以后，才能萌生。

---

*　我把人类散处的时代称作“远古时代”，不论人们认为在那个时代人类已经有多大的年纪了。——作者

①　“在所有各种各样的社会中，最古老而又唯一是自然形成的社会，是家庭。”（卢梭：《社会契约论》，李平沤译，商务印书馆 2012 年版，第 5 页）——译者

**　真正的语言不起源于家庭；只有在已经有了相当固定的约定之后，才能产生语言。美洲的原始人，一走出了他们的家，就几乎不说话。平时，他们都静静地待在家里，一句话也不说。他们在家里是打手势，而且需要打手势的情况也很少，因为，他们不像欧洲人那样动个不停，坐立不安；他们没有那么多生活需要，他们的生活需要全都能自给自足。——作者

怜悯心虽然是人天生就有的，但是，如果没有想象力启发它，它将永远处于静止状态。我们怎样才能动怜悯之心呢？只有在我们设身处地地为他人着想，对他人所受的痛苦感同身受，我们才能对他人动怜悯之心。我们只有在感到他人遭受痛苦时，我们才会感到痛苦；我们悲伤的，不是我们，而是那个受苦受难的人。请大家想一想，要具有多大的感受力，才能有这种心态啊！我没有遭过某些灾和受过某些罪，我哪里想象得到那些灾和那些罪是什么情形呢？尽管看见别人受苦，但是，如果我不知道他怎样痛苦，如果我不知道他与我之间有哪些共同的地方，我哪里会感到痛苦呢？一个不动心思的人，哪里懂得什么为人要存心仁厚与平和的道理；他对谁都不怀恶意，对谁也不记仇。一个不动脑筋想象的人，只知道有他自己，他在人类当中总是一个人独来独往。

我们之所以动脑筋思考，是由于要把许多事物加以比较。只看见一个事物，是不会进行比较的；只看见少量的事物，而且从童年时候起就老看见那些事物，也是不会进行比较的，因为，老看见那些事物，就见惯不惊，不去留意，不去仔细观察它们了。但是，如果一个新的事物引起了我们的注意，我们就想了解它，观察它与我们已熟知的事物的关系。这样，我们一方面会详细观察我们眼前的东西，另一方面那个新的事物也会使我们把它同我们见惯的事物加以比较研究。

按照以上所说的原理去看原始人，你就会明白他们为什么是那样的粗犷无知了。他们成天看到的，只是他们周围的东西；甚至连他们周围的那些东西，他们也不知道是什么，他们甚至对他们自己也不了解。他们只知道有一个父亲、一个儿子和一个兄弟，但不知道什么是一个“人”。在他们的窝棚里，全是与他们相似的同类；不论是一个陌生人、一头野兽或一个怪物，在他们看来全都是一样的东西。除了他和他们的家以外，整个宇宙在他们看来都与他无关。

正是由于这个缘故，在不同的民族的祖先之间有许多表面上看来是恰恰相反的情形：有的天性是那样平和，有的天性是那样的残忍；有的是那样粗野，有的是那样温柔，对他们的家人是那么地爱，而对别人则是那么憎恶。他们所有的感情都集中在他们身边的人；他们对他们所了解的一切，都十分珍惜；而对于没有见过的一切，则抱敌视态度；至于对他们无法了解的一切，更是避而远之。

这个蒙昧时期是人类的黄金时代。我之所以这样说，并不是因为他们是联合在一起的，而是因为他们是四散分离的，每个人都认为自己是一切的主人，每个人都只知道和想取得他身边的东西。他们的生活需要，不仅不使他们和他们的同类互相接近，反而会使他们互相远离，而且，万一在某个地方相遇了，他们就会打斗起来，不过，他们相遇的情况不多。那时候，尽管到处都是战争状态，但整个地球洋溢着和平气氛。

原始人都是猎人或牧羊人，而不是农夫；他们的第一项财产是羊群，而不是土地。在土地被个人占有以前，谁也没有想过去耕种它。农耕是一项需要使用工具的技艺，播种和收获是一件需要事先妥善筹划的事情。结合成社会的人总想扩展自己的活动范围，而孤立的人则力求缩小自己的活动范围。在他的眼睛看不到的地方，在他的胳臂够不着的地方，他就从来不诉求什么权利或财产。西克洛普[1]在他的洞门口滚石头，他和他所捕获的那群人都是很安全的。这个连法律都不去管的人，还用得着谁去替他看守他的虏获物吗?

人们也许会说该隐是一个农夫[2]，挪亚曾种葡萄[3]。他们为什么能种地和种葡萄呢? 他们都是孤孤单单的，有什么可担心的呢? 可见，人们所举的这两个事例，驳不倒我的论点。我在前面已经解释过我所说的蒙昧时期是什么时期。在成为逃亡者以后，该隐就不能再种地了；挪亚的子孙到处流浪以后，也就忘记种葡萄的技术了。必须地上到处都有人，然后才有人去种地；这两件事情是很难结合在一起的。在人类第一次四散分离，直到有一个固定的住处"家"以前，是不会去种什么作物的；不定居在一个地方的人们，是不会去耕种土地的。从前的游牧民族就是如此，住在帐篷里的阿拉伯人和住在大车上的斯基泰人就是如此，到处流浪的塔塔尔人和美洲的生番直到今天还是如此。

一般地说，所有一切我们已知其起源的民族的祖先都是贪吃肉食的；他们不种地，不吃谷物。希腊人能说出第一个教他们耕地的人的名字；看来，他们是很久以后才知道农耕的。可是，他

---

① 西克洛普：希腊神话故事中的独眼巨人。据说，尤里西斯在归途中，他率领的希腊人被西克洛普捕获，囚禁在洞穴里，一个一个地被吃掉。事见荷马诗史《奥德赛》。——译者

② 据《圣经》上说："该隐是种地的。"（《圣经·旧约全书·创世纪》第4章第3节）——译者

③ 据《圣经》上说："挪亚作起农夫来，栽了一个葡萄园。"（同上，第9章第20节）——译者

们硬说在特里普托仑[1]之前他们是以橡栗为生的。这个说法不怎么站得住脚，而且被他们自己的历史否定了，因为，在特里普托仑之前，他们是吃肉的，尽管禁止他们吃，但我们并未发现他们有遵守这道禁令的记载。

在荷马的诗中描写的宴会上，人们杀一头牛款待客人，就像我们今天杀一个乳猪一样。我们在书上曾读到过亚伯拉罕杀一头牛款待三个客人的故事[2]；还有欧梅烤两只小山羊羔给尤里西斯吃的故事[3]，利伯加也曾烤两只小山羊羔给她的丈夫吃[4]。从这些故事就可看出那时候的人是多么贪吃的肉食者啊。要想象远古的人们吃什么，我们只须看一下野蛮人吃什么就行了；我再补充一句：英国人的餐桌上全是肉制品。

人吃的第一个饼，可以说是人类的圣餐。在人类开始定居之初，他们只开垦他们窝棚周围那一点点儿土地；这一点点儿土地只能说是一个小园子，说不上是农田。他们把收获的那一点点儿谷物放在两个石头中间研碎，做成饼，放在灰烬里，或者放在麸炭上或灼热的石头上烤熟之后吃，而且只是在举办盛宴时才吃。犹太人在逾越节的这个古老的做法，至今还在波斯人和印度人中保存：只吃用没有经过发酵的面粉做的饼；这种薄片饼每顿饭都吃，只是在需要制作更多的饼时，他们才用经过发酵的面粉做饼，

① 特里普托仑：希腊神话故事中第一个从事农耕的人，据说，女神德麦特尔给他一辆由几条长有翅膀的龙拉着前行的车子跑遍全世界，撒播麦子，教人种麦。——译者

② 关于这个故事，请参见《圣经·创世记》第18章第7节。——译者

③ 关于这个故事，请参见荷马史诗《奥德赛》第14章。——译者

④ 关于这个故事，请参见《圣经·创世记》第27章第9节。——译者

因为量少了，面粉不容易发酵。

据我所知：在族长制时代，古人早已从事农耕。埃及的邻国早已把这种技术传到了巴勒斯坦。《约伯记》（这也许是所有一切书中最古老的书）中已经有农田耕作的记载。据说约伯有“五百对牛”[①]，这表明耕地时牛是成对使用。据记载：当示巴人去抢约伯的牛的时候，牛正在地里犁田。[②]我们可以想象得到，用五百对牛耕的地是多么广阔。

这一切都是真的，不过，我们切莫搞混了时代。我们所知道的族长制时代，已经离远古时代很远很远了。人们在这两个时代之间生活了百千万年，而文字的书写只有一千年；在这一千年里，他们做了些什么事？对此，我们一无所知。他们四散分离，几乎没有任何形式的社会，也不怎么说话，他们怎么会写字记史呢？在他们孤独单调的生活里，他们能记载事件留传给我们吗？

是的，亚当会说话，挪亚也会说话。可是，亚当是受过上帝亲自教导的。在分散四方的过程中，挪亚的子孙就不再从事农耕了；共同的语言已经随着第一个社会的消失而消失了；即使不建巴别塔[③]，这种情况也会发生。我们在荒岛上曾经看见过忘记了他

---

① 约伯的“家产有七千羊，三千骆驼，五百对牛……”（《圣经·约伯记》第1章第2节）——译者

② “有一天，（……）有报信的来见约伯，说：‘牛正耕地，……’示巴人忽然闯来，把牲畜掳去”。（《圣经·约伯记》第1章第13—15节）——译者

③ 据《圣经》记载：当初，“天下人的口音言语都是一样的”，可是人们却想建一座“塔顶通天”的塔，“以传扬他们的名”，此事激怒了上帝，于是上帝便变乱他们的言语，使他们的言语不通，无法一起继续建塔。关于这个故事，请参见《圣经·创世记》第11章。——译者

们自己语言的孤独生活的人。离开本乡本土的人，在经过几代人之后，是很难各个都保存他们家乡的语言的，尽管他们从事共同的工作，并生活在一起。

人们分散在地球广阔的荒野上，又回到了当初愚昧粗犷的状态，不知道自己何以会生在这个地球上。顺着这条如此自然的思路探索，我们就可以很容易地把《圣经》与古文献参照阅读，理解它们的意思，而不至于把先民留传给我们的这些古老的传说看作是无稽之谈。

尽管头脑懵懵懂懂，但人总得生活呀。最强壮活跃和总是走在前头的人，以水果和打猎为生，变成了凶猛嗜血的猎人，而且，随着时间的推移，变成了战士、征服者和掠夺者。史书上到处可见这些地球之王的罪行。他们打仗是为了掳掠人；把人征服以后，接着就把人一个一个吃掉；不仅他们，连他们的后人都学会了这样做。

好在大多数人不那么活跃；他们的性格平和，尽早停留在一个地方，广收牲畜，驯养它们，用人的声音使它们变得很温驯。为了吃它们，他们首先保护它们，使它们大量繁殖。田园牧歌式的生活，就是这样开始的。

人类的生活需要使人发明了工艺；随着生活需要的增加，工艺愈来愈发达。人类有这样三种可能的生活方式：狩猎、畜牧和农耕。第一种方式需要身体锻炼体力、练技能和练奔跑，使心灵有勇气，有计谋；它使人变得十分凶狠。然而，猎人们不可能老在一个地方打猎。*他们要去追赶猎物，因而学会了骑马，并发明了投石器、弓箭和标枪等轻武器。反之，田园牧歌式的生活可以使人悠哉游哉懒洋洋地过日子，什么都能自给自足；它使人几乎用不着花多大的力气就可以获得吃的和穿的，而且还使他有居住之处。最初的牧羊人的帐篷是用羊皮做的，摩西的帐篷也是用羊皮做的。[①]至于农耕，它的诞生比较缓慢，而且需要其他技艺的配合；它虽使人们有了财产、政府和法律等观念，但也逐渐使人们遇到灾祸和罪恶之事；这一切都是与人类发明的有益的或有害的技艺分不开的。因此，希腊人不仅把特里普托仑看作是一项有益的技术的发明者，而且把他看作是他们当初的规章和法律的制定者。相反，摩西对农耕似乎不大赞成，说它是一个恶人[②]发明的，说上帝不允许拿农产品作奉献给神的祭礼。我们可以说：第一个农夫早已宣告他发明的技术是会产生恶果的。[③]《创世记》的作者的眼光比希罗多德要远。

* 打猎是不利于一个地方的居民的。这个看法，在圣多曼格岛和托尔蒂岛上到处有滥猎野牛之事时就有人说过，而且从南美洲的情况来看，也得到了证实。从来没有哪一个人数众多的民族的祖先是以打猎为业的；他们都是以畜牧或农耕为业，所以我们不能把狩猎看作是取得生活资料的源泉，而只能把它看作是农耕的一种副业。——作者

① 据《圣经》上说，是“用染红的公羊皮作罩棚的盖”（《圣经·出埃及记》第26章第14节）。——译者

② 指该隐：“亚伯是牧羊人，该隐是种地的。”（《创世记》第4章第2节）——译者

③ 种地需要占有土地。“谁第一个把一块土地圈起来，硬说‘这块土地是我的’，并找到一些头脑十分简单的人相信他所说的话，这个人就是文明社会的真正的缔造者。”[④]“土地的占有就会出现占有土地的富人和没有土地的穷人，人与人之间不平等的起因，就肇端于此；许多罪恶之事和许多战争，就导源于此。”[⑤]——译者

④ 见卢梭：《论人与人之间不平等的起因和基础》，李平沤译，商务印书馆2007年版，第85页。——译者

⑤ 同上。

从社会的角度看，根据前面所说的区分就可看出：原始人是以打猎为生的，野蛮人是以畜牧为生的，文明人是以种地为生的。

无论是探讨工艺的起源，或者观察早期的风俗的形成，我们发现，一切都与生活资料的获取方法有关；至于把人聚集在一起的方法，则是由气候与土地的性质决定的，而语言之所以多种多样和它们的特点之所以迥然不同，也是由这些原因造成的。

气候温和与土地肥沃的地方是第一个有人居住和民族最终形成之地，因为这些地方的人可以很容易地无需他人的帮助也能生活，直到很晚以后才感到有建立社会的必要。

假使地球上永远是春天，到处都有水有牛羊和牧场，假使人从大自然的手中一造出来就分散各地：假使情况真是如此的话，我就想象不出他们为什么要一改那么适合于他们的懒散的天性*，放弃他们原有的自由，不过那么质朴和田园牧歌式的生活，而毫无必要地硬要强使自己去过奴隶生活、成天劳作并遭受种种与社会状态分不开的苦难。

有人想使人类合群而居，便用手指触动了一下地球的轴，使宇宙倾斜到另一个方向。这个轻轻的动作，我发现它改变了地球的面貌，决定了人的行为：我听见远处有一大群疯狂的人在欢叫，

---

* 大家想象不到人天生是多么懒散。有人说：人活着就是为了睡觉，悠游自在和成天无所事事，只是为了不至于饿死，他才不得不采取行动，除了必须用心保全自己的性命以外，其他一切使人终日忧虑不安和想这想那的欲念，都是在社会状态中产生的。人的第一个最强烈的愿望是成天什么事情都不做。如果人能坚持这一点，我们将发现，即使在我们今天，每个人也是为了明天休闲，才今天劳动的；要想悠悠闲闲地过日子，只有辛勤劳动才能达到这个目的。——作者

我发现人们修建了许多高楼大厦和城市；我看见艺术、法律和商业诞生了，人们像大海的波涛那样起起伏伏地翻腾，聚集在少数几个狭窄的地方互相吞食，使地球变成了可怕的荒凉之地。这一切，就是社会立下的丰碑，工艺发达产生的后果。

大地养活了人，但生活的第一需要[①]使人分散四方，不过，其他的需要又使人聚集在一起；只是在这个时候他们才说话，也引起别人谈论他们。为了不让人说我的论述自相矛盾，就需要让我解释一下。

如果有人追问人类的祖先诞生在什么地方，第一批移民来自何处，从哪里迁来了那么多人，你肯定不会说是来自小亚细亚气候温和的地方，也不会说是来自西西里岛或非洲，更不会说是来自埃及；你将说是来自迦勒底的沙漠之地和山石嶙峋的腓尼基。你将说无论哪个时代都是如此。中国不只是有中国人，也有鞑靼人；斯基泰人大量涌入欧洲和亚洲；瑞士的山区现在还在向我们土地肥沃的地区没完没了地输送移民。

有人说[②]：一个不毛之地的居民离开那个不毛之地迁到一个土地比较好的地方，这是很自然的。不错，说得很对。但是，那些土地比较好的地方为什么不让自己的居民繁衍，而把土地让给别人呢？人们之所以离开不毛之地，是迫不得已的。但为什么许多人又偏偏出生在那里而不出生在别处呢？有人认为，来不毛之地居住的

① 指身体的需要，尤指对食物的需要。——译者

② 指孟德斯鸠，孟德斯鸠在《论法的精神》中说：“一个民族总是离开穷乡而去寻找宝地，而不会离开宝地去寻找穷乡，这是理所当然的事。”（《论法的精神》，许明龙译，商务印书馆2009年版，上卷，第294页）——译者

人都是富饶之地过剩的居民。但我们发现情况却恰恰相反。大多数拉丁人都自称他们是土著*，而居住在土地较肥沃的大希腊的人都是异国人。所有的希腊人都承认他们是来自不同的地区，只有土地最荒凉的地方的人，即阿提喀人，才自称是本地人或土生土长的人。看来，如今这个时代还没有走出原始蒙昧无知的境地；它为我们提供了一个值得思考的问题：在当今这个世界上，哪一个地方的土地比人们称作“人类的工厂”①之地的土地更荒凉？

人类之所以联合在一起，大部分原因都是由大自然中发生的事件造成的，如洪水、海啸、火山的爆发、大地震、由雷击引发的森林大火把树木烧得精光。所有这些把一个地方的原始人吓得四散逃离的事件，随后又使他们汇集在一起挽回共同的损失。古代频频发生的大地的灾难，表明上天在用这些手段迫使人类聚集。自从社会建立以后，这些大事件也停止或稀少了，看来，事情就是这样演变的；使分散的人们聚集在一起的那些灾祸，随后又使联合在一起的人们四散分离。

季节的更替是另一个使面临那么多巨变的地方的人遭受同样苦难的大原因。为了储备过冬的食品，居民们不得不互相帮助，不得不在他们之间建立某些约定。在严寒使他们不能外出狩猎的时候，闲暇就像生活的需要那样使他们聚集在一起。拉普兰人居

* “土著”和“本地人”这两个词指的是当地第一批居民，即没有社会、没有法律和风俗习惯而且不会说话的原始人。——作者

① “人类的工厂”语出乔南德斯的《哥特人史》，指北欧。“哥特人乔南德斯把欧洲北部称为‘人类的工厂’”（孟德斯鸠：《论法的精神》，许明龙译，商务印书馆2009年版，上卷，第290页）。——译者

住之地四面冰封；人类当中最原始的爱斯基摩人冬天聚集在他们的洞穴里，而一到了夏天便又四散分离，谁也不理会谁了。只要把他们的智力提高一度，他们就会永远联合在一起的。

人的肠胃不能消化生肉，也不喜欢生肉；除了我刚才所说的爱斯基摩人以外，其他原始人都把肉烤熟了以后才吃。为了烤肉，就要用火；他们一看见火就很高兴，就要舒舒服服地暖身子。野兽一见到火光就要逃跑，但火光却能吸引人。* 人们聚集在一堆火的周围举办盛宴和跳舞。经常这样高高兴兴地在一起，就不知不觉地与他们的同类亲近了，从田野上的这一堆火中燃起的圣火，在人们的心中就这样培育了朴素的对人的仁爱之情。

在气候炎热的地区，纵横交错的河川，也是人们聚会之地；对人来说，有时候缺水或缺火，尚可忍耐，而没有河流，那可不行，尤其是以放牧牛羊为生的野蛮人更是不可一日无人畜共同饮水之地。远古时代的历史告诉我们，人们之所以缔结条约或发生

---

* 野兽见惯了火，也同人一样地喜欢火，喜欢火的温暖。当然，除了暖它们的幼崽以外，它们不像我们这样经常需用火。从来没有听说过哪一种动物，无论是野生的动物还是家养的动物，能像我们这样会生火。[①] 可是有人说，那些智力尚未发达到知道用石头打火或从火堆的余烬中留火种的能动脑筋思考的人曾建立一种历时短暂的社会！我的天啊，哲学家们公开拿我们开玩笑，我们在他们的著作中发现：他们把我们当野兽看待了。——作者

① 卢梭在《论不平等》中也谈到这个问题："被人们夸赞为很灵巧和很有力气的朋戈，尽管知道掩埋死去的同伴并能用树枝搭建顶棚，却不知道给火添加柴薪，我记得我曾经看见过一只猴子做过人们认为朋戈不能做的给火添柴的事。不过那时候我没有怎么思考这件事，因此，我也犯了我责备旅行家们所犯的错误。我没有研究那只猴子给火添柴是因为它想使火继续燃烧，还是像我认为的是简单地模仿人的动作。"（卢梭：《论人与人之间不平等的起因和基础》，李平沤译，商务印书馆 2007 年版，第 143 页）——译者

争吵*，就是由于争夺这些饮水之处而引起的。饮水便利的地方的居民往往不汲汲于联合；反之，在干旱地区，就必须大家通力合作打井和修水渠，才能引水供牲畜饮用。我们发现：这些地方的人几乎从远古时候就开始联合了，因为，不联合兴修水利，这些地方就会永远干旱无水，所以必须通力合作打井修渠，才能使它成为可永久居住之地。由于我们有一切都按常规行事的倾向，所以在这件事情上也需要我们作一番解释。

地球的原始状态，与今天经过人的手美化或改变的状态大不相同。混沌初开的那种乱象，诗人在诗中轻描而淡写之，但事实上却到处存在。在巨变频频发生的上古时期，千百种事件改变了土地的性质和土地的面貌；到处是树木和野草丛生，没有哪一种生物有足够的时间独占最适合于它而不适合于其他生物的地方；它们慢慢地和一点一点地四处分散，然后突然发生的一次天翻地覆的变化又使它们乱成一团，混杂在一起。

在人的生活需要与地上的产品之间有这样一个关系：只要有人居住，地上的一切就能存在；不过，起初并不是人们联合起来以他们共同的努力使他们与地上的产品之间保持平衡，而是大自然独自承担今天由人们之手完成的任务；人类以时世的变化无常保持或恢复这种平衡，而大自然则以山川的巨变来保持或恢复。在人与人之

---

* 不举别的例子，单以《创世记》第 21 章所说的亚伯拉罕与亚比米勒为争夺水井立约的故事为例①，就可证明这一点。——作者

① 这个故事如次："亚比米勒的仆人霸占了一口水井，亚伯拉罕为这事指责亚比米勒。亚比米勒说谁作这事，我不知道，你也没有告诉我，今日我才听见了。亚伯拉罕把羊和牛给了亚比米勒，二人就彼此立约。"（《创世记》第 21 章第 25—27 节）——译者

间尚未发生战争以前，在四行[①]之间早已发生战争；那时候，尽管人不会放火烧城镇，不会挖空矿山，不会砍伐森林，但大自然却会引发火山，引发地震，天火会烧毁树木。一次雷击，一次洪水，一次火山喷发，就能在几小时内毁灭一万人在今天用一百年时间才能建成的东西。不这样，我就想象不出自然的体系怎么能够继续存在，平衡怎么能够保持。在两个生物界[②]中，大物种终将消灭小物种*，整个地球又会到处是树林和猛兽，而最终是全都同归于尽。

水源日渐枯竭，不再使大地充满生机；山脉也日渐下沉，一天比一天低小；河水冲走了地上的一切，海水高涨，一片汪洋，万物都不知不觉地陷入同一个水平。是人类的手阻挡了这一濒临危境的趋势，推迟了它的进程；没有人的努力，这一趋势将加快进行，大地也许早已被淹没了。在人类做出共同的努力以前，分布不均的河道有的泛滥成灾，有的又枯竭断流，不仅不灌溉土地，而且使人们饮水也十分困难。河的两岸有的十分陡峭，崎岖难行；有的是一片沼泽地，人们没有办法使河水留在河道里，只好听任它漫出河岸，向四面八方分成许多支流；这些支流有时候干涸，

① 指风、土、水、火；古人认为这四者是组成宇宙一切物体的本原。——译者

② 指动物界和植物界。——译者

* 有人认为：通过自然的作用和反作用，动物界的各种动物会自动保持长期的数量均等，形成它们之间的相互平衡；他们还说，由于大动物以小动物为食，它们必将过多地繁殖，以致食物难以为继，使它们的数量逐渐减少，给小动物留下再生殖繁衍的时间，直到重新为大动物提供充足的食物，使大动物重新增多，小动物再次减少。可是在我看来，这样来回往复的情况不可能发生，因为，如果真是按照这种情况进行的话，则被猎食的动物的增加与以它们为食的动物的减少必须同步进行；这在我看来，是不可能的。——作者

有时候又变成流动的沙地，使人无法到河里取水，结果，虽然有河有水，也等于没有河没有水，让人们活活渴死。

有许多干旱的地方都是由于广开水渠，引来河水，才成为可居住之地的！整个波斯几乎全靠这种人造水渠生存的；中国由于有许多水渠和河道而人口众多；荷兰如果没有水渠的疏导，整个荷兰就会像没有堤坝便被海水淹没那样，被河水淹没；世界上土地最肥沃的埃及，是全靠人的努力才成为可居住之地的。在没有河流和土地不甚倾斜的广大平原，就只能打井取水。由此可见，史书上所说的初民，指的不是那些居住在土地肥沃或河岸平坦之地的居民（因为这些气候宜人之地并不荒凉，居民们不需要他人的帮助也能生活，他们长年待在自己的家里不与他人往来），而是那些居住在全靠井水生活的干旱地区的居民：他们需要大家通力合作打井，并对如何使用井水有一个大家同意的约定。气候炎热地区的社会便是由此产生的，当地的居民们的语言便是由此形成的。

家庭的第一条纽带便是在这取水之地编织的，男女第一个幽会之地便是在这取水之地形成的。年轻的姑娘来这里取水回家供家人饮用，年轻的小伙子到这里来饮他的牛羊。在这里，大家对童年时候起就天天见到的事物越来越感到亲切，感到它们有一种从前没有见过的魅力；大家的心情越来越激动，每个人都感到自己在世界上并不是孤单一个人。大家不知不觉地对水更加感到不可一时一刻或缺：牛羊渴了，便赶快领它们去饮水，谁也舍不得离开这饮水之地。在这快乐的时光里，谁也不知道在那里度过了多少时刻；大家尽情地欢乐，玩够了才散。在生长了千百年的老橡树下，青年人逐渐改掉了他们粗野的习气，逐渐地互相亲近，

想方设法向对方表达自己的情谊。在这里，大家欢快地聚会，高兴得不断地手舞足蹈；在手势不能完全表达意思的时候，就伴之以带有感情的声音，传递快乐的心情和希望。民族的真正摇篮就是这样在这里形成的；第一道爱情的火花就是这样从清澈如水晶似的水中迸发出来的。

什么！难道说在此以前，人是从地里长出来的吗？没有两性的结合，没有人与人的互相同意，能一代又一代地传下来吗？不，不能这样来理解我前面那段话的意思，因为，那时候，虽有家庭，但没有民族；虽有家庭的语言，但没有民族的语言；虽有两性的结合，但没有两心的相爱。每个家庭都是自给自足，自家人的血脉一代一代传下去。同父同母的孩子在一起长大，逐渐逐渐地互相熟悉了，随着年龄的增长，两性的特征也逐渐显现出来；天然的倾向必然使他们两相结合：是本能的驱使，而不是相爱的结果；是因为天天在一起生活而成为夫妻，而不是经过心意的选择而成为夫妻；他们既是夫妻，同时又是兄妹。* 在他们之间没有什么事

* 当初的原始人只能娶他们的姐姐或妹妹为妻。[①] 在纯朴的上古时期，只要家庭是孤立存在的，就只能这样做；甚至在他们已经形成民族之后，这种做法也依然存在。但法律不允许这样做；法律是神圣的，人人都必须遵守。有些人只看到法律维护了家庭的联系，而没有看到它所起的重大作用。在两性亲密相处的氛围中，如果人的心不听从神圣的法律的声音，官能的冲动不受神圣的法律的约束，则人与人之间便没有真诚的感情，可憎的淫乱行为不久就会使人类遭到毁灭。——作者

① 在孟德斯鸠的《波斯人信札》中也有这种娶姐姐为妻的记述：“我父亲见我钟情如此之深，甚为诧异，他本来很愿按照岗比斯所创的拜火教古俗，将我姐弟二人结成伉俪。”（孟德斯鸠：《波斯人信札》第 67 封信，罗大冈译，中国文联出版社 2004 年版，《罗大冈文集》，第 3 卷，第 291 页）——译者

情足以使他们兴奋得开口讲话，没有什么事情能引人发出欢声笑语；在居民们之间也是如此：即使有时候有些事情需要几个人合力去做，但由于事情不那么急迫，所以也是由一个人先开始去打井，另一个人接着去完成，根本不需要商量怎么做，有时候甚至用不着见面。总而言之一句话，在温带地区，在土地肥沃的地区，必须要有欢快的激情才能使居民们开口说话。最初的语言，不产生于生活的需要，而是快乐的心情引发的，是父辈传下来的，而人们一旦有了新的需要，使每一个人都只顾一己之私，心里只有自己，则他们欢快的声调必将随着引发他们的感情的消失而消失。

第十章　北方的语言的形成

随着时间的推移，所有的人都将变得彼此相同，不过，他们的变化的进程是不同的。在南方，大自然是慷慨的，为了表达情感，所以需要语言；而在寒冷的地区，大自然是吝啬的，为了生活的需要，所以要用语言表达心中的想望。在生活的需要的重压下，语言的诞生是经历了一个艰辛的过程的。

尽管人类已经习惯了天气的变化无常，习惯了寒来暑往的交替，甚至习惯了饥饿的熬煎，但到了某种程度，人的体质还是支撑不住的。经过种种严酷的考验之后，身体衰弱的人都死去，而留下来的人都变得愈来愈强壮。事情就是如此：要么生龙活虎似的活着，否则就只有死亡，其间没有折中的余地。北方人之所以那么健壮，其原因就在于此。这不是气候使他们健壮，而是它只允许健壮的人生存，所以北方的孩子们各个都像他们的父亲那样有一副好身体，是不足为奇的。

大家都知道：身体壮实的人的发音器官不纤细，他们的声音比较粗重。由心灵的激动发出的动人的声音，与迫于生活的需要而发出的叫声，是有区别的。在一年之中有九个月万物都枯萎的严寒地带，太阳只照射几个星期；这里的居民们缺少食物，生活十分艰苦，不辛勤劳动，就什么也没有，生命的源泉存在在双臂而不在心里。人们为了生活，成天忙忙碌碌，哪有心思去与他人缔结情谊。一切都以生活的需要为准：能找到什么就吃什么；什么东西易于获得，就吃什么东西，一切不由人选择。使人产生情欲的又懒又闲的生活，已让位于劳动。人们首先想到的，不是生活的舒适，而是如何才能活命。互相的需要比感情更能使人们联合在一起；大家在一起辛勤劳动，就形成了群体。面临死亡的威胁，单用手势语言是不能解决问题的；必须开口说话：人们的第一句话不是“爱我”，而是“帮助我”。

虽然这两句话的结构很相似，但音调却大不相同；它们的语气不侧重于如何引发人的感情，而重在使人明白话里的意思，因此，问题不在于用多大的力量说，而在于说得十分清楚。在心力不能发出清脆的声音时，便用强有力的声音代替之；虽然这样的语句说起来也很自然，但总显得有些生硬。

实际上，北方人并不是没有感情的，只不过他们的感情的流露属于另外一种类型。热带地方的人耽于享乐和安闲；大自然为他们把一切都准备好了，他们几乎用不着花什么力气就能生活。一个亚洲人只要有妻室和清闲就满足了，但在居民的食量很大而土地又十分贫瘠的北方，每个人都忙于生活，所以性情很急躁，动不动就发脾气。在他们周围发生的一切，都使他们感到不安。由于他们必须辛勤劳动才能生活，所以，他们愈穷便愈抠搜，把他们所有的那一点点东西攥得很紧。有人一走到他身边，他便以为是想害他的命。他们暴躁的脾气就是这样产生的。稍遇到一点儿不顺心的事情，他们就发火，因此，他们脱口说出的话，总带有气势汹汹的语气，总是那种吵吵嚷嚷的样子。

第十一章　这些差别引起的思考

如前所述，在我看来，就是远古的语言之所以有那些区别的主要原因。南方的语言音调清脆，悦耳动听，但也往往由于过分雕琢而意思模糊；北方的语言低沉有力，虽然音调的变化不多，但由于用词简略，所以意思十分清楚。现今各国的语言尽管已经无数次相互混杂，但依然保有这些差别的某些特征。凡是能互相帮助并心平气和地讲说道理或易生闷气的人，就最适宜于讲法语、英语或德语，而代上帝向人们宣讲神圣的奥秘的教士、为人民制定法律的贤者或率领群众的首领，则最好是讲阿拉伯语或波斯语。* 我们的语言用书面表达比口头表达好，读起来比听起来更令人愉快。相反，东方各国的语言一写在纸上，就失去了它们生动活泼的韵味：书面只能表达一半意思，而另一半意思存在于音调上。从东方人的书中去研究他们的天才，这等于是按照他们的尸体画他们的肖像。

若要深入评判人的行为，就要从他们与其周围的人的关系入手去研究；但这一点，还没有人对我们进行过指导。当我们认为

* 土耳其语属于北方的语言。——作者

是站在他人的立场观察问题时，我们实际上是站在我们的立场而不是站在他人的立场观察；我们自以为是在凭理性评论人家，其实，我们只不过是以我们的偏见去评说人家的偏见。凡是稍懂一点儿阿拉伯文的人在翻看《古兰经》时，都会面露笑容，好像听见了穆罕默德[①]以铿锵有力的声调抑扬顿挫地宣讲经义，既悦耳又悦心，句句都使人激动不已；这时候，他将俯伏在地上大声说：上天派来的伟大的先知，请带领我们去争取光荣，为宗教而献身；为了你，我们不战胜敌人就战死沙场。在我们看来，宗教狂热当然是可笑的，因为宗教狂热的语言在我们当中是谁也听不懂的。我们的宗教狂热者并不是真正的宗教狂热者，而只不过是一群骗子或疯子。我们的语言在妖魔附身的人听起来是一阵叽叽喳喳的叫声，而不像受神灵启示的人的语言那样听起来抑扬顿挫，十分悦耳。

① 在卢梭看来，穆罕默德是一位立法者："至今统治半个世界已十个世纪之久的以实玛利的儿子（指穆罕默德——引者）制定的法律，今天还显示着那些制定这两种法律的人的伟大。"（卢梭：《社会契约论》，李平沤译，商务印书馆 2012 年版，第 49 页）"穆罕默德（……）把他的政治体系组织得很好，而且，当他的政府形式在他的历次继承者哈里发统治下继续存在的时候，这个政府一直是一元的。"（同上，第 148 页）——译者

第十二章　音乐的起源

随着第一声声音的发出，便根据心情的种类的不同而有高低不同的声调或语气。心情愤怒时发出的是吼叫声，是由舌和腭发出的；心情喜悦时声音则很柔和，经过声门的调节而有音调；只有音调才有时而多和时而少的重音，并随着心情的变化而提高或降低；节奏和韵律就是这样产生的。使发音器官发出的声音清脆而悦耳的，是心中的感情。诗和歌及语言都有一个共同的来源。在我前面所说的饮水之地的周围，人类第一次开口说的话，就是人类唱的第一首歌：有了节拍和韵律，便产生了诗和音乐，它们是随着语言的产生而产生的，或者说得更确切一点：由于在土地肥沃之地和快乐的时光中，人们唯一需要他人的合作才能满足的需要是感情的需要，因此，无论是诗也好歌也好，全都是语言。

上古的史书、演说词和法律都是用诗体写的；诗的出现早于散文；这是很自然的，因为感情的萌发早于理性。音乐也是这样。开始的时候，除了小曲小调以外，便无其他的音乐，除了歌词声调的变化以外，便没有其他变化；用重音的变化构成歌声，用时值的变化构成节拍。人们说话时，既有声调的变化，也有节奏时快时慢的变化。斯特拉彭说：“说和唱从前是一回事，诗是产生语

言表现力的源泉。”*他这句话的意思是说：这两者的起源是相同的，当初是一回事情。从上古社会的构成方式看，上古的史书用诗体写，上古的法律用歌唱的形式宣布，这有什么奇怪的呢？最初的那些语法学家把他们的工作从属于对音乐的研究，他们既是音乐家又是语法学家，这有什么奇怪的呢？**

一种语言如果只有清晰的声音，则它的美只表现了一半。是的，它表达了人的思想，但要表达人的感情和事物的情景，它还需要有节奏和音调的变化，也就是说：它还需要有旋律的韵味。希腊语的美就美在这一点，而我们的语言欠缺的，就是这一点。

我们对希腊人的辩才、诗歌和音乐的奇妙效果感到吃惊，然而，对于这些效果的奇妙究竟妙在何处，我们是怎么想象也想象不出来的，因为我们没有经历过那样奇妙的境界，所以我们的学者们只好木呆呆地瞧着他们，假装听懂了。***布雷特按我们的

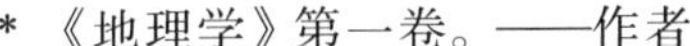

*《地理学》第一卷。——作者

** “……从前，语法和音乐是分不开的。阿西塔斯和伊维鲁斯都认为语法是从属于音乐的；教语法的老师也是教音乐的老师。(……)欧波利斯也证实了这一点，他说：‘普洛达姆斯既教音乐也教语法。玛里卡斯，即海柏波鲁斯，承认他从音乐中学会了许多语法规则。’”(昆迪里安:《演说术》，卷一)——作者

*** 当然，对有关希腊的种种夸张的说法，我们都要打个折扣，不可全信，但是，如果按照现今某些人的偏见，把这个折扣一直打到否定了这些区别，那就不对了。特拉松神甫说：“在昂菲翁和奥尔菲时代的希腊人的音乐，与今天离我们首都最远的城镇里的音乐差不多；那时候，它固然可以阻挡江河的水流，可以撼动橡树，使山上的岩石滚下山坡，而今天它已经达到了很完善的程度，人们喜欢它，对它的美赞赏不已，但它已经停滞不前，到此为止了。荷马的诗也是如此；他出生的年代，与他之后的年代相比，可以说是处于人类精神的童年时代，所以他的诗是受到一定的局限的。我们今天虽然对他的诗还是赞不绝口，但真正欣赏的是我们当代的诗人的作品。”我们不否认特拉松神甫有时候在哲学问题上很有见地，但他在这段话中却的确没有表现出哲学家的胸怀。——作者

音乐程式翻译了（也只有他才能翻译）几段希腊音乐，并兴冲冲地拿到文学院去演奏，院士们也很耐心地听了。在一个其音乐几乎无人能听懂的国家里演奏其他国家的音乐，我很赞成做此尝试。但是，如果让外国音乐家（任你挑选哪个国家的音乐家）来演奏一段法国的歌剧，我敢打赌，你未必能听出他们演奏的是哪个国家的歌剧。然而，正是这些法国人居然说他们能听出两千年前谱成音乐的潘达赫[①]的颂歌的旋律的韵味。

我曾经在一本书上读到过这样一个故事：从前的美洲印第安人对火枪的惊人效果感到很奇异，便从地上捡起几颗火枪的子弹，一边用手扔出去，一边嘴里大声吼叫，但令他们奇怪的是：一个人也没有打死。我们的演说家、音乐家和学者就有点儿像那些印第安人。用我们的音乐是根本演奏不出希腊人用他们的音乐演奏出来的那种奇妙效果的，必须用不同的方法才能取得希腊人的那种效果。

① 潘达赫（约公元前518—前438）：古希腊抒情诗人。——译者

第十三章　旋律

每个人都将被他自己的感官所改变[①]，这一点，是谁也不怀疑的，然而，如果我们对改变的后果不加区别，我们就会混淆改变的原因。对于感觉对我们产生的影响力，我们有时候过于夸大，有时候又过于无视。我们没有看到它们不只是作为感觉影响我们，而且还作为符号或形象影响我们。它们所产生的心理作用，也是由心理上的原因导致的。如同图画不是用它的颜色引发我们的感觉一样，音乐也不是用它的声音引发我们心中的感情。浓淡均匀的颜色让我们看起来很高兴，但这种高兴的心情纯粹是来自感觉，而给这些颜色以生命和灵魂的，是图画，是仿照原物画出的图形，是它们表述的感情激起了我们的感情，是它们所描绘的事物对我们的心产生了影响。我们的兴趣和感觉不是因颜色而产生的；一幅感动我们心灵的图画的线条，用模版印出来也照样能感动我们；抹去了这幅图画的线条，图上的颜色就什么作用也不起了。

① 这个论点，卢梭后来在《忏悔录》中又阐述了一次："我们不断地被我们的感官和器官所改变，因此我们就不知不觉地在我们的欲念、感情甚至行为上受到这些改变的影响。"（卢梭：《忏悔录》，李平沤译，商务印书馆 2010 年版，下册，第 532 页）——译者

旋律在乐曲中所起的作用，同图像在绘图中所起的作用完全是一样的；它等同于图画中的线条或图形，它的合声等同于图画中的颜色。也许有人会说：旋律只不过是多种声音的组合而已。人们的这种说法说得很对；不过，图画也是多种颜色的组合呀。一个演说家用墨水写他的演说词，我们能因此就说墨水是一种能言善辩的液体吗？

假定在一个其居民不知绘画为何物的国家里，有那么一些人成天拿着各种颜色的画笔乱画一气，并自以为画得很好。他们还像我们评说希腊音乐那样，评说我们的绘画；当我们对他们谈起美丽的图画将使我们产生怎样的激情，在看见一幅动人的图画我们将如何心醉神迷时，他们的学者马上便会对我们的图画进行研究，把我们的颜料与他们的颜料加以比较，观察我们的绿色是不是更加柔和，我们的红色是不是更加鲜艳，研究怎样搭配颜色就能使人一看就哭，怎样搭配就能使人一看就不高兴。这个国家的布雷特们把我们已经变了形的画布的碎片拼凑起来一看，竟吃惊地发现这些碎片的色调真的是那么美。

反之，如果在某个邻国有人刚开始作画，刚画了个草图，还没有画完全图，他们就会说他是在乱画，画的是奇形怪状的图形。但那人坚持他的审美观，认为要画得那样简单才美，虽然没有什么意义，但有耀眼的光泽，即使没有线条的衬托，但也浓淡均匀，光彩熠熠。

也许是由于科学的进步，终于有人拿棱镜做实验[1]，于是，某个著名的艺术家[2]便根据实验的结果提出了一套理论。“先生们，”他对他们说：“要深入研究哲学，就必须追溯事物的物理原因。请大家看这幅光谱，看这些原色，看它们之间的关系和比例。你们的绘画让人看了感到高兴的真正原理就在于此。其他什么画呀、图呀和像呀这类说得神乎其神的词儿，纯粹是法国的画家胡诌的一套瞎话。他们以为用他们模仿的画作就可以感动人的心灵，其实只不过让你们有某种感觉而已。他们说他们的绘画是多么美，可是你们看，我的这些色彩才真的美呢。”

“法国的画家也许，”他继续说道：“观察过天上的彩虹，从大自然中学到了一点儿审美的知识，提高了他们使用颜色的技能；而我，我向你们讲述的是艺术的伟大的真正原理。我讲的是艺术！先生们，我讲的是艺术，讲的是科学。对颜色进行分析，对棱镜的折射率进行计算，就能使你们了解自然界中唯一严格的关系，并掌握衡量这些关系的法则。宇宙中的一切都是有关系的。只要你们学会画画，你们就可知道一切，只要你们会调配颜色，你们就什么都能做。”

① 关于这一实验，在《百科全书》的词条“颜色”中是这样说的：“太阳光通过三棱镜便在对面的墙上射出各种颜色，（……）这一实验虽很简单，但有极其重要的意义，因为牛顿先生通过这一实验解决了许多难题，（……）这七种颜色（指日光通过三棱镜分解出来的红、橙、黄、绿、蓝、靛、紫七色——引者）正好与音乐中的七种声音相对应。这是一种很奇怪的现象；不过，切莫因此就得出结论说：对颜色的感觉与对声音的感觉之间有什么可类比的地方，因为在我们的感觉中没有任何类似引起这种感觉的事物。”——译者

② 指拉摩。——译者

眼见这样一位缺乏感性知识和审美观的画家竟公然如此愚蠢地把绘画使我们感到快乐归之于物理的原因，我们怎么办？眼见那些满脑子这类偏见的音乐家以为单用和声就可取得音乐的美妙效果，我们怎么办？我们只能打发前者去给护墙板刷油漆，罚后者去编写法国歌剧。

正如绘画不是为了让眼睛看了高兴而搭配颜色的艺术，同样，音乐也不是为了让耳朵听了高兴而调和声音的艺术；如果这两者只起那点儿作用，它们就会被划入自然科学的范畴，而不会归入艺术的行列。它们之能升入这个行列，全靠模仿。是什么东西使绘画成为一种模仿的艺术？是绘画的风格；是什么东西使音乐成为一种模仿的艺术？是旋律。

第十四章　和声

声音的美来自自然，纯粹是物理的，是由发声体的各个组成部分使空气的粒子运动而不断地相互作用产生的；它使人听起来感到十分愉快。全世界的人都喜欢听美好的声音，但是，如果这种愉快的心情不是由亲切悦耳的声调引发的，就不会使人感到舒服，更不会使人感到陶醉。在我们听起来是很好听的歌，在没有听惯这种歌调的耳朵听起来就感到平淡无奇，就成了需要查一下字典才能读懂的语言了。[①]

严格意义的和声，其效果是很不好的；它只有约定的美，在不熟谙此种声调的耳朵听起来是怎么也不悦耳的，必须长时间听惯了，才能感觉到和领略到它的美。分辨力不佳的耳朵，只能听我们喧嚣的声音；自然的音韵一改变，自然的愉快心情就不存在，这是不足为奇的。

任何一种乐声的本身都有与之相伴随的和谐的声音；这些声音之间都有符合它们的比率，因而使它们听起来很美。若添加第三个或第五个或其他音韵，便不仅不增加它们的美，反而使音韵

① 这句话的意思是：如果音乐的声音需要查一下字典才能听懂，那它就成了有一定的“约定”或规则的语言，而没有自然的美了。——译者

重复，虽没有改变音程的关系，但改变了音强的关系；由于只加强了一个音韵，而没有加强其他音韵，就打乱了比例：本想使它变得更好，你反而使它变得更糟。从自然的规律来说，除了协调一致的声音以外，是没有其他和声的。

拉摩先生认为任何一种简单的曲调的高音部都自然而然地使人联想到它有与它相对应的低音部。一个人的耳朵只要有正常的听力，即使没有经过训练，也自然而然地能听出这个低音部。这是音乐家的一种偏见，是早已被经验否定了的。一个根本不懂什么叫低音与和声的人，不仅不能自行听出音乐中的低音与和声，而且，如果你硬要他听的话，他反而会不高兴，反而是更喜欢听和谐一致的简单的乐声的。

虽说我们把和声的比率计算了一千年，把和声的法则也研究了一千年，但为什么到头来我们还是没有把这门艺术变成模仿的艺术，为什么还是没有弄清楚我们所说的模仿的原理是什么，为什么还是没有弄清楚和声表达的是什么声音，为什么还是没有弄清楚声音的和谐与我们的感觉之间有什么共同之处?

在谈论旋律时，我们也可以提同样的问题，而且答案马上就有了，因为答案就在读者的心里。旋律可以模拟悠扬婉转的音调，发出如泣如诉的哀鸣与或喜或怒的叫声及雷鸣和呼啸的风声；所有一切表达情感的声音它都能发出。它模仿语言的声调，模仿每一个语句在心灵中引起的波动；它不仅模仿，而且还加以抒发。它的语言虽然很含蓄，但生动活泼，充满激情，比话语本身更有力一百倍。音乐的模仿力量就是由此产生的；歌词对温柔的心灵的魅力，就是由此产生的。在某些曲调中，和声可以起辅助作用，用调整音量的办法使不同的声音连续起来，使声调更加准确，使耳朵听到准确的节拍，把细微的音调变化固定在一定的音程，从而使它们连续起来。不过，正是由于追求准确，结果却使旋律受到一定的制约，因而不能尽情发挥它的表达力；由于采用了和声的音程，结果却淹没了激昂的音调，强使有多少主音就该有多少调式的歌曲只有两个调式；它消除了歌曲本可表达的许多声音或音程，一句话：它使曲调和歌词如此地互相脱离，以致使两者互相冲突，失去了它们真正的美。在一首哀婉动人的曲调中，不添加几个怪音调，便不能首尾连贯起来，因此，人们发现：用声乐的形式来表达庄严肃穆的感情，实在可笑，因为大家都知道，在我们的语言里，根本就没有表达这种感情的音调，北方的人们是不会像天鹅那样一唱完这种歌曲就气绝身亡的。

单靠和声，是根本不能表达那些以它为转移的音调的。雷声、波涛声和狂风疾雨声，用简单的音调表达是表达不好的；不论怎么做，单有声响是激发不出心灵的感情的，必须像事物本身发声那样发声，才能使人听出它表达的是什么事物。无论模仿什么事物，都需要有一种代替自然的声音的语调。一个音乐家，如果试图用杂音来弥补杂音之不足，那就错了。他不了解他所从事的这门艺术的弱点，也不了解它的优点，更未从审美和理性的角度来看待它。请大家告诉他：应当用优美的曲调来代替杂七杂八的声音；告诉他：与其让几个青蛙呱呱地叫①，不如让它们唱歌。因为，

① 这句话是有所指的：1745 年，拉摩在歌舞剧《普拉德》中写了一首合唱曲，特意在这首合唱曲中用法文的疑问副词 hourquoi（义：为什么；音：hurkwa）模仿青蛙呱呱呱的叫声。——译者

他光模仿，还不够，还应当让人听起来受到感动，感到愉快。不达到这个效果，他那索然寡味的模仿便毫无意义，便没有人感兴趣，没有人对之有任何印象。

第十五章　我们最活跃的感觉往往是通过精神的感受而产生的

如果仅仅从声音在我们的神经中引起的震动这个角度来探索声音的效果，我们就不可能弄清楚音乐和它对我们的精神产生的影响的真正原理。旋律的声音不单单是以声音影响我们，而且还作为我们情感的征象影响我们。旋律的声音就是这样在我们心中激起它想表达的感情的，而我们也是这样感觉到了它们的表达力的。[①]我们在动物身上也可看出这种精神作用。一条狗的叫声能引起另一条狗的注意。我的猫一听见我模仿它那样咪咪地叫，它马上就会提高警觉，立起身子，动个不停；当它发现是我在模仿猫叫时，它就会趴下身子不动了。如果在猫的神经中没有这种震动，如果它自己开头没有听错，哪里会产生这种感受的差别呢？

如果我们的感觉对我们产生的影响不是由精神的原因引起的，我们为什么对一些在野蛮人看来不值一提的事情那么斤斤计

---

① 卢梭后来在《爱弥儿》中又提到了这一点，他说："在一切模仿的行为中，是包含着精神的因素的"。他对这句话还加了一个脚注："这一点，我在《论语言的起源》这篇文章中已经阐述过了，读者可以在我的集子中找到这篇文章。"（卢梭：《爱弥儿》，李平沤译，商务印书馆2013年版，下卷，第550页）——译者

较呢？我们最感人的歌曲，为什么在一个加勒比人[①]听起来纯粹是一阵乱糟糟的声音呢？他的神经与我们的神经本质上是不一样的吗？他的神经为什么不像我们的神经这样震动呢？对同一首好听的歌，我们为什么那么感动，而他却无动于衷呢？

有人以声乐能医治被狼蛛咬伤的疼痛作例子来证明声音的物理力量，但这个例子恰恰证明了它的反面。在医治被这种昆虫咬伤的人时，既不需要单一的声音，也不需要什么歌声；对每一个被咬伤的人演奏几段他熟悉的旋律或唱几句他能听懂的歌词就行了；对意大利人唱意大利歌，对土耳其人唱土耳其歌；每个人都只受他熟悉的音调的感染。他的心多么爱听，他的神经就多么适应；必须使他听懂我们对他说的话，我们的话才能使他行动起来。有人说贝尼埃作的大合唱曲曾治好一位法国音乐家的高烧病，但他的大合唱曲也曾使另一个国家的音乐家得了高烧病。

在其他的感官中，甚至在最不敏锐的感官中，我们也可看到这种差别。让一个人把他的手放在一个物件上，同时让他的眼睛注视这个物体，尽管这两个感官都受到同样的影响，但他将感到那个物件一会儿是活动的，一会儿又是不活动的。他的感受的变化是多么大呀！那个物件的圆形之圆、颜色之白、质地之坚实、温度之暖和及弹力之强劲，这一切虽使他感觉很好，但是，如果他未感到其间有一颗充满生命力的心在跳动，他就会感到这一切都是无乐趣可言的。

---

① 加勒比人：美洲的印第安人。——译者

就我所知，只有一种感觉——味觉——不掺杂有精神因素。[①]因此，只有那些行尸走肉似的人才有此一大缺点。[②]

凡是想对感觉的力量进行哲学思辨的人，请首先把我们通过感官得到的精神感受与纯粹是肉体得到的感受加以区分，切不可认为一切可感知的物体都有一种它们根本没有或者只能通过它们对我们的心灵产生影响之后才有的力量。颜色和声音可以像图画和符号那样有很大的影响力，也可以像简单的事物那样没有什么影响力。声音的悠扬也许会使我高兴一会儿，但若想使我感到迷醉，则它们就必须给我以不论我愿意或不愿意都不能不为之动情的音调。一首歌如果只好听而不感动人，那也不会使人感到快乐的，因为，这不是耳朵把它感到的快乐传给我的心，而是我的心把它的感受传给耳朵。我认为，把这几点阐述清楚以后，人们对古代的音乐就可少发表许多荒谬的看法。但是，在当今这个人人都力图把心灵的种种活动说成是物质的时代，大家都不承认人的感觉包含的精神因素了，因此，如果新的哲学不像它危害正确的审美观那样危害人的美德，那才奇怪呢。

① 卢梭后来在《爱弥儿》中又阐述了一次："味觉的活动又全是肉体的和物质的，只有这种感觉才是不能凭想象解决问题的，至低限度可以说，就我们所有的感觉而论，味觉中所掺杂的想象，其程度是最轻微的；反之，模仿和想象往往使其他感觉获得的印象掺杂有精神的成分。"（卢梭：《爱弥儿》，李平沤译，商务印书馆2013年版，上卷，第213页）——译者

② "贪食是意志不坚决的人的一种恶习。"（同上，第214页）——译者

第十六章　颜色和声音之间的不恰当的类比

有些人在研究艺术问题时，也像研究物理问题那样提出了许多荒谬的看法。他们说：在对声音的分析中，也发现了与光的分析中发现的那种关系。他们生搬硬套地沿用这一类比，而不诉诸理性的实验。这种一成不变的偏见，把一切都混为一谈了。由于他们不知道如何对耳朵画画，便竭力想办法对眼睛唱歌。我曾经看见过那台人们认为可以用颜色使之演奏音乐的羽管键琴。如果不了解颜色的效果在于它们的持久不变，而声音的效果在于它们的婉转变化，那就表明对大自然的作用缺乏深刻的认识。

颜色的丰富多彩，在地球的表面上是一眼就可以看出来的。人们愈看愈心情舒畅，目不转睛地观之不停。

声音就不是这样了；大自然是不分解声音的，也不把它和谐音分开；相反，它把谐音隐藏在一个声调里，即使有时候在人的咏唱和某些鸟儿的鸣啭里将它们分开，它也是使它们一个接一个地连在一起的；它引领曲调而不引领和声，它主导旋律而不主导谐音。颜色是没有生命之物的装饰；所有一切物质都是有颜色的，但声音能表述动作，表达感情。只有有生命之物才能唱歌；用木头做的吹笛人是不会吹笛子的，笛声是由那个操作人员调节笛子中的空气和牵动木头人的手指发出的。

每一种感觉都有它特有的领域；音乐的领域是时间，绘画的领域是空间；若一下子增加许多声音或许多颜色，这就改变了它们的组合，这就等于是把眼睛放在耳朵的位置，把耳朵放在眼睛的位置。

你说：正如每一种颜色是由形成此种颜色的光线的折射角确定的，同样，每一种声音是由发声体在一定时间里的振动数确定的，由此可见，折射角与振动数的关系是一样的，两者显然可以类比。你的话说得倒也不错，不过，这样类比是从道理上说的，而不是从感觉上说的，因此，你的话没有说到点子上。第一，光线的折射角是可以感知的，是可以测量的，而发声体的振动数是无法感知和无法测量的。发声体在空气的作用下，不断改变声音的大小。颜色是持久存在的，而声音是会消失的；谁也不能肯定后来发出的声音是刚才消失的声音的重现。何况每一种颜色都是绝对的，独立的，而每一种声音则是相对的，只有通过比较才能辨别。任何一种声音本身都没有可以让人识别的绝对的特点，它是高还是低，是强还是弱，只有通过和另一种声音的比较，才能知道。在和声中，无论何种声音都不是自然的；它既不是主音，也不是谐音或基音，因为所有的音调都是由关系决定的；一个曲调可以从高音变到低音，音级一改变，音序就要改变，但颜色就不由关系决定，黄色就是黄色，与红色或蓝色无关，无论在什么地方都可看出来的；人们一固定了形成此种颜色的折射角，它便在任何时候都是黄色。

颜色的效力不存在在有颜色的物体里，而存在在光线里；要

想观看一个物体，就需要有光线照射它。声音也需要有一个活动体；要发出声音，就需要使发声体受到振动。在这一点上，视觉有它的便利之处，因为星星永恒不断地发射的光，是对它产生影响的天然工具。单靠大自然，是发不出什么声音的；没有活动的生物出力，天上的星球是发不出和谐的声音的。

由此可见，绘画更接近自然，而音乐要靠人的艺术；音乐之所以比绘画更使人感兴趣，正是由于它拉近了人与人的距离，使我们对我们的同类有某种同感。绘画是静止的，是没有生命的；它可以使你感到如同身处沙漠的深处，而声音一传到你的耳朵，它就向你宣告有一个和你一样的人与你同在；我们可以说它是心灵的喉舌。即使它向你诉说孤独，它也告诉你不是孤独一人。鸟儿能鸣叫，只有人能唱歌。如果我们心中不时时暗自感到此处有另外一个有感情的人，我们就不可能领会一首歌或一首交响曲的精妙含义。

能表述我们无法亲耳听到的事物，是音乐家最大的优势之一，而画家就不能画出我们无法看到的事物。能以动态影响人的艺术的最奇妙之处，是它甚至能表达寂静无声的形象。梦乡的甜蜜、夜晚的安谧与孤独和无声的宁静，这一切都可在音乐家的作品中表现出来。声音能产生寂静的效果，寂静也能产生声音的效果：我们在听到闷声闷气的读书声时便昏昏欲睡，而闷声闷气的声音一停止，我们马上便清醒过来。音乐能通过听觉激发类似视觉激发的感情而深深打动我们的心；事物的关系只有在印象强烈的时候才感觉得到，所以绘画便没有这个优势，它不能像音乐模仿它那样模仿音乐。即使大自然中的一切都酣然入睡，观赏它的

人也不会因此便进入梦乡。音乐家的高明，就高明在以事物在观赏者的心中激起的活动的形象代替事物的难以觉察的形象。他不仅能表现大海的波涛、熊熊的火焰、潺潺的溪水、滂沱的大雨和湍急的激流，而且还能表述沙漠的荒凉、地狱的阴暗、风暴的逐渐平息、天空的晴朗和传入绿树成荫的丛林的美妙歌声；他不机械地表达事物，他要在人们的心中激起宛如亲眼目睹的感觉。

第十七章　音乐家们的有害于音乐的错误做法[①]

请大家看一看以上所述是多么不断地使我们回想起我所说的精神的效果啊；请大家看一看那些只凭空气的作用与声带的振动来论证声音的效力的音乐家是多么不懂得音乐的优势啊；他们愈是强调纯物理的影响，他们便愈是使它远离它的源头，使它失去它原始的力量。如果放弃了口头的声音的美而一味强调和声，音乐就会使耳朵听起来是一团嘈杂的声音，不仅不感动人的心，而且也十分刺耳；即使它的音调与和声非常好，那也让我们听起来无多大意义。

① 本章实际上是第十六章最后一段的结论。卢梭把它单列一章，有点儿像孟德斯鸠在《论法的精神》中用“续前题”把本可在上一节陈述的论点单列一节，以引起读者的注意。卢梭在这一章中归纳了第十二至第十六章关于音乐的几个论点，批评拉摩滥用和声的结果是损害了音乐的本质，因为音乐的精神效果是与物理效果成反比的。——译者

第十八章　希腊人的音乐体系与我们的音乐体系毫无关系

这些变化是怎么产生的？是由语言的特点的自然变化引起的。大家都知道：和声是哥特人发明的；有些人说他们在我们的音乐体系中也发现了希腊人的音乐体系，这简直是拿我们开玩笑。除了使乐器的音调必须按协和音程固定以外，在希腊人的音乐体系中根本没有我们所说的和声。凡是有弦乐器的人民都必须按协和音程调整他们的弦乐器；而在没有弦乐器的人民的歌调中，都有我们所说的不和谐的声音变化；因为我们的音乐体系没有这种变化，所以我们无法用音符把它们记录下来。这一点，我们在美洲野蛮人的歌曲中已经注意到了；如果我们在对希腊人的音乐研究工作中不生拉硬拽地把它和我们的音乐联系在一起，我们在希腊音乐的各种音程中也会注意到这一点。

希腊人用四个音阶来划分他们的音域，而我们是用八度音程来划分我们的音域。按这样的划分方法，他们四个音阶中的每一个音阶都要重复一次；我们也一样，我们的每一个八度音也要重复一次。这么巧的相似之处，在和声中是不可能有的，甚至连想都不敢想象。但是，由于说话时经过的音程没有唱歌经过的音程那么大，所以他们就自然而然地认为在他们歌声的旋律中重复了

四个音阶；此种情形，同我们认为在和谐的旋律中重复了八度音是一样的。

在协和音程方面，他们只采用我们所说的全和谐音程，他们抛弃了三度音和六度音。为什么呢？这是因为他们不了解小调式音程，或者至少在具体做法上不采用这个音程。他们的协和音程一点都不柔和；他们的大三度多了一个音差，而小三度又少了一个音差，结果，他们的大六度和小六度互相影响彼此的音质。请大家想一想：从协和音程中取消了三度音和六度音，哪里还有和谐的感觉，哪里还能设置和谐的调式！如果他们对他们采用的音程有深刻的认识，他们至少在歌曲中是会采用这种音程的，他们就会把不发音的基本音序称为自然音序，这样一来，他们的协和音程不但不比我们的少，反而比我们多，就会像把低音的 ut 改为 sol 那样，把第二个 ut 改为 re。[①]

也许有人会问：为什么会称为自然音序呢？我的回答是：这是由于在一种宛如歌吟的语言中，人的本能使我们选择了最简便的音调变化；因为在为了继续不断地给大音程起音而必须使声门的发音产生强烈的变化和在最小的音程的复杂关系中调整音调的困难之间，发音器官采取折中的办法而自然而然地采取既比协和音程小又比音差简单的音程；不过，这并不妨碍最小的音程在悠扬婉转的曲调中发挥它们的作用。

① 句中的 ut，是音阶的七个唱名之一，即八度音阶的第 1 音（即：do）；sol，是长音阶的第 5 音；re，是长音阶的第 2 音。——译者

第十九章　音乐是怎样蜕化的

随着语言的完善，旋律因受到许多新的规则的制约而不知不觉地失去了它原先的美。追求音程的准确计算代替了追求音调变化的微妙，四分音的调式就是这样被废除的。剧院一采取某种规定的调式，人们便只能按规定的调式唱。随着模仿的规则愈来愈多，模仿的语言便愈来愈削弱它的魅力。

哲学和推理方法的进步，虽使语法的规则日益完善，但使语言失去了它悦耳和感人的音调。在梅纳里庇德和费罗克纳时代，那些当初是受诗人雇用并在诗人指导下演奏乐曲的乐师，现在都独立行事，想怎么演奏就怎么演奏了。费雷克拉特的喜剧中的那段音乐狠狠嘲弄的就是这种放肆的不受约束的情形（普鲁塔克对此事曾在一篇文章中表述过），旋律就是这样开始变得不贴近歌词并逐渐独立存在的，音乐也是这样变得不贴近歌词并逐渐失去它表达诗歌音韵的美的，它当初根据情感的变化给诗歌增添的超理性的魅力，就是这样逐渐消失的。自从希腊到处都有诡辩学家和哲学家以后，就再也没有出现过著名的诗人和音乐家了。为了培养用语言说服人的艺术，便丢掉了以感情激励人的艺术。柏拉图本人对荷马和欧里庇德就十分嫉妒，他贬低后者，但又无法模仿前者。

希腊人不仅受奴隶制度的败坏，还受到他们自己的哲学的影响。身戴枷锁的希腊人失去了他们原先那种激励自由的心灵的活力。为了歌颂暴君，他们再也唱不出那种歌颂英雄的音调；罗马人的到来，更加削弱了他们语言的谐和与声调的铿锵。拉丁语是一种闷声闷气而无音乐感的语言，用它作歌词，肯定会把音乐搞糟。首都居民的唱法逐渐败坏了外省人的唱法。罗马的戏剧败坏了雅典的戏剧。尼禄[①]获奖以后，希腊人就不再去争夺那个奖品了。由于两种语言[②]的掺和，旋律便既不适合这种语言，也不适合那种语言了。

最后，降临了那场只摧毁了人类精神文明的进步而未消除精神文明造成的恶果的大灾难。野蛮人像潮水似的侵入欧洲，欧洲遭到了愚昧无知的人的奴役，既失去了它的科学，也失去了它的艺术，失去了推动这两者前进的万能工具——和谐的语言。来自北方的那些粗人竟逐渐逐渐地使大家的耳朵听惯了他们粗声粗气的声调；他们生硬而无抑扬顿挫感的声调一点也不响亮；朱利安皇帝把高卢人说话的声音比作青蛙呱呱呱的叫声。他们的声音十分难听，闷声闷气，爱发鼻音，因而唱起歌来只好哇啦哇啦大声吼叫，以加强元音并掩盖辅音的繁多和生硬。

歌声是那么嘈杂，再加上发音器官又不柔和，那些新来的

① 尼禄：古罗马的一位暴君。据说他善吹笛子。关于这位暴君，卢梭在《论科学与艺术的复兴是否有助于使风俗日趋纯朴》中借向法布里乌斯发问的机会问这位贤者：“从迦太基运回的战利品竟被一个吹笛子的人全都烧掉了吗？”［译者对这句话有这样的脚注：“文中所说的‘吹笛子的人’指罗马著名的暴君尼禄。据说，当他下令烧掉罗马城中所有从迦太基运回的战利品时，火光熊熊的景象竟使他高兴得狂吹笛子。”（卢梭：《论科学与艺术的复兴是否有助于使风俗日趋纯朴》，李平沤译，商务印书馆 2011 年版，第 21 页）］——译者

② 指拉丁语和希腊语。——译者

人[1]和他们所征服的人民便只好放慢歌唱的速度，才能让人听得懂。由于发音的困难，声调又是那么高，因此便使旋律失去了节奏感，何况从一个声音过渡到另一个声音总有一定的难度，所以，人们便除了在每一个声音上稍停顿一下并尽量使它唱得更响亮以外，就没有其他更好的办法，结果是：歌声变得拖腔拖调，既不柔和，也不优美。有些学者认为，在拉丁歌曲中必须遵守长音节和短音节交替的法则，他们哪知这样做的结果，便使咏唱诗歌的声调变成了诵读散文，节奏和旋律全都没有了，根本谈不上什么音韵的美。

没有旋律而唯一无二地依靠声音的音量和时值奏效的歌曲，使人感到这是一种借助协和音程使声音更加响亮的方法；只要有几个拖腔拖调的声音一提高时值，也偶尔会给人以某种谐和的感觉：能取得这样的效果，他们就觉得很好了；变调和对位法就是这样产生的。

我不知道音乐家们对他们只知其效果而不知其内涵的原理引起的一些不值一提的问题研讨了多少个世纪。就连最耐心的读者也感到让·穆里士为论述分成两个协和音程的八度音程的第五个还是第四个音程应当是低音的问题所写的那长长的十几段文字全是无用的废话，真是令人难以卒读；而在四百年以后，我们在邦当庇的书中又发现他为论述低音应放在六度音程而不应当放在五度音程而发表的那些观点，也同样是令人读起来感到十分厌烦，然而这期间，和声学却逐渐逐渐地采取了音量分析法所指定的发

① 指上文提到的那些侵入欧洲的“野蛮人”。——译者

展方向，以至最后由于小调式及不协和音程的发明使它充满了任意性；只有这个不好的做法我们没有觉察出来。*

现在，旋律已被人遗忘；音乐家们把他们的全部精力都用去研究和声学；一切都转向于这个新事物，自然音阶和各种调式全都有了新面孔，各个音部都按和声的序列进行，并美其名曰“旋律”。在这种新的旋律中已经见不到它的母亲的身影了；我们的音乐体系就是这样逐渐变成了和声型的体系，在这种情况下，歌调的唱法变了样，音乐几乎失去了它的全部魅力，就不令人感到奇怪了。

歌调的唱法为什么会逐渐变成一种与歌词的唱法分离的艺术，和声为什么会使人忘记声音的多样变化，音乐为什么会因为局限于纯物理的振动便失去它为表达自然的声音而产生的精神效果，其原因就在于此。

* 拉摩先生的全部合声学可归结为这么一个很简单的原理：所有的琴弦都能发出共鸣。他说他的小调式与不协和音程是经过他的实验的：在一根弦振动发音的时候，可使低音部的其他几根比它长的弦在第十二度和第十七度大音程同时振动；他认为所有这几根弦通身都将振动，但不发出回响。我认为，他说的这种情况真是一种很奇怪的物理现象；这等于是说：太阳大放光芒，但谁也没有瞧见。

这几根弦只能使本来就高的声音变得更高，由于它们彼此分开并一起振动发出回响，其结果必然会互相混合，使任何一根弦的声音都不特别清楚。他的错误在于：他以为他看见它们通身都在振动，但他没有仔细观察振动的节点。两根构成协和音程的弦，即使没有第三根弦，也可以使人听见它们基本的低音；这是塔尔蒂尼先生的实验已经证实了的。单独一根弦便只有它自己的声音，而无其他的基本音；它不能像两根弦那样共鸣，而只能同其他的声音齐奏。由于声音除了发声体的振动以外，便没有其他的声源，所以，声源一启动，效果便随之产生。有些人认为可以把振动与回响分开，这种看法是很荒谬的。——作者

第二十章 语言与政府行政的关系

这些现象的发生，既不是偶然的，也不是随意安排的，它们完全取决于事物的变化。语言是根据人们的需要而形成的，它将随着人们的需要的变化而变化。[①]在古代，是以能言善道说服人，而不是以政府的强力强迫人，因此需要口才；今天，政府已采用强力而不采用说服的办法，口才还有什么用呢？用不着讲究什么方式方法或措辞，只需张口说一声“我高兴这么做”就行了。他们对聚集在一起的人民是怎样说话的呢？他们满口的官腔官调教训人。高官厚禄既然不是人民给予的，对人民打官腔训斥一通，这有什么关系呢？人民的语言也同辩才一样，变得一点用处也没有了。社会的形式已经定型，除了用枪炮或金币以外，就休想改动它。对于人民，除了说“交钱”二字以外，便没有别的话可说。只要在街上把布告一张贴或者派士兵到百姓家一催缴，金钱马上

① 关于这一点，卢梭后来在《爱弥儿》中又阐发了一次：“每一种语言的精神都有它独特的形式，这个差别可能是民族性格不同的一部分原因或结果；可以用来证明这种推断的是：世界上各个民族的语言都是随着它们的风俗而几经变化的；它们也像风俗那样，或者是保持下去，或者是有所改变。”（卢梭：《爱弥儿》，李平沤译，商务印书馆2013年版，上卷，第135页）——译者

就到手了。用不着把人民召集起来讨论这些事，相反，还必须把他们分开，以便分而治之；这是现代政治的第一个法则。

有些语言是可以轻松自如地讲的，例如发音响亮并有韵律的语言，人们从远处就能听清楚对方讲了些什么。我们的语言，同土耳其苏丹内阁官员们的那种咕噜咕噜的腔调一个样；我们的传道士在教堂里讲道，尽管累得满头大汗，但谁也听不清他们讲了些什么；他们大声嚷嚷地讲了一个小时，累得精疲力尽，一走下讲台便像一个半死的人，而实际上是用不着那么费劲的。

古人在广场上讲话，是很容易让人们听懂的，即使讲整整一天，那也不成问题。将军对士兵们讲话，一点也不感到累。现今那些试图在著作中长篇大论地评说史事的历史学家，反而使人们觉得他们可笑。请大家想象一下一个人用法语在旺多姆广场上对巴黎人民讲话的情形：他声嘶力竭地嚷了半天，可是人们却一句也听不懂。希罗多德对聚集在露天广场上的希腊人读他的作品，使广场上的人听得不断鼓掌叫好。今天科学院的院士在会上读一篇论文，读了整整一天，也只是坐在大厅前排的那几个人能听懂。法国露天广场上的江湖艺人之所以没有意大利那么多，这并不是因为在法国听他们演唱的人少，而是因为人们实在是听不懂他们唱了些什么。达朗贝尔先生认为我们可以像意大利人那样朗读法国诗词，我看，除非紧贴着耳朵朗读，否则是没有办法让人听懂的。我认为，凡是不能让聚集在广场上的人民听懂的语言，都是奴隶的语言；要想使一个国家的人民既保持自由，又要求他们讲这种语言，那是不可能的。

我在这里发表的这些虽粗浅但能发人深思的论点，都来自一位作家的一段话对我的启发。现在，让我把这段话作为本章和本书的结束语转录如下：

> 深入事实观察，并以事例证明一个民族的特性、风俗和兴趣对他们的语言的影响是多么大，这的确是一个相当深奥的哲学课题。*

* 杜克洛:《语法大全》，第2页。——作者

译后记

我第一次读卢梭的《论语言的起源》，是1993年秋在巴黎，而开始译这本书，则是今年（2014）年初。从1993年秋到今年年初，光阴荏苒，转瞬就过去了20年，到今天才将这本书译出来奉献于读者。

我是采用巴黎伽里玛出版社1990年出版的本子译的。在翻译过程中，我参考了巴黎弗拉玛尼翁出版社1993年出版的《论语言的起源》，并采用了该书编者与伽里玛出版社编者所做的有助于阅读原书的一些注释。

此书篇幅不长，但我学力有限，译文不妥和疏漏之处，敬希广大读者不吝指正。

李平沤

2014年8月

图书在版编目(CIP)数据

论语言的起源:并旁及旋律与音乐的模仿/(法)卢梭著;李平沤译.—北京:商务印书馆,2024
(汉译世界学术名著丛书:120年纪念版:珍藏本:增订本)
ISBN 978-7-100-23727-7

Ⅰ.①论… Ⅱ.①卢…②李… Ⅲ.①语言起源—研究 Ⅳ.①H0-09

中国国家版本馆 CIP 数据核字(2024)第 077342 号

汉译世界学术名著丛书
(120 年纪念版・珍藏本・增订本)
论语言的起源
——并旁及旋律与音乐的模仿
〔法〕卢梭 著
李平沤 译

商务印书馆出版
(北京王府井大街 36 号 邮政编码 100710)
商务印书馆发行
北京市白帆印务有限公司印刷
ISBN 978-7-100-23727-7

2024 年 5 月第 1 版　开本 710×1000 1/16
2024 年 5 月北京第 1 次印刷　印张 5¾
定价:32.00 元